영어 · 일어 · 중국어

해외여행 인솔자 외국어

Preface_머리글

해외여행인솔자란 단체 여행의 출발부터 여행 종료 시까지 동행하여 모든 여행일정의 원활한 진행은 물론, 여행객의 편의를 위해 상황에 따라 적절한 조치를 취하는 여행진행자라 할 수 있다. 여행자들이 여행에서 기대하는 것은 다양하다. 그런 여행자들의 다양한 기대를 만족시키려면 여행상품의 품질 그 자체도 중요하지만 무엇보다 인솔자의 외국어 능력이 중요하다고 생각한다.

따라서 이 책은 그동안 다년간에 걸쳐 인솔자 업무를 수행한 인솔자의 체험을 바탕으로 출국 업무, 현지 업무, 귀국 업무, 응급사항 발생 시 등 현장에서 일어나는 다양한 장면과 상황을 짜임새 있게 구성하여 인솔자가 요긴하게 쓸 수 있도록 구성하였다. 또 초보자들도 쉽게 볼 수 있도록 중국어와 일본어는 한국어로 발음을 표기해 놓았다. 3개 국어(영어, 일본어, 중국어)를 한권에 묶어 포켓북으로 제작하여 항상 휴대함으로써 외국어에 대한 자신감을 갖도록 하였다.

아무쪼록 이 책이 인솔자들의 외국어활용에 큰 도움이 되기 바라며, 미흡한 부분은 향후 지속적으로 수정, 보완해 나갈 것을 약속드린다. 이 책이 나오기까지 많은 관심과 노력을 함께 해주신 한국여행서비스교육협회 이병열 부회장님, 천덕희 교수님, 이은민님을 비롯한 임원 여러분께도 깊은 감사를 드린다.

끝으로 이 책의 출판과 편집을 맡아주신 한올출판사 임순재 대표님, 최혜숙 실장님, 편집부 여러분께 감사의 말씀을 드린다.

저자 일동

차례

PART 01_ 영 어 English

Chapter 01_ 출국 업무(Departure Formalities) 4

1. 기내에서, 기내식 제공: In the Flight / 5
2. 입국심사: At the Immigration Office / 12
3. 수화물 수취대: At the Baggage claim / 15
4. 세관심사: Customs Clearance / 20

Chapter 02_ 현지 업무(Filed Work) 24

1. 호텔 내에서: In the Hotel / 25
2. 호텔 객실 내에서: In the Hotel Room / 29
3. 호텔 레스토랑에서: At the Hotel Restaurant / 33
4. 호텔 프론트 데스크에서: At the Front desk / 35
5. 이동(기차, 버스, 배편 등): Transportation (By Train, By Bus, By Ship) / 38
6. 관광지에서: At the Tourism Sites / 44

Chapter 03_ 귀국 업무(Homecoming Affairs) 50

1. 현지 공항에서 (At the Airport) / 52
2. 환승의 경우 (For the Transit passenger) / 57

Chapter 04_ 응급사항 발생 시(병원, 경찰서 등) Emergent Situation (At the Hospital, At the Police Station) 61

1. 관광지 혹은 거리에서 고객이 다쳤을 경우 (When injured at sightseeing section or on the street) / 62
2. 병원 진료 시 (At the Hospital) / 64
3. 경찰서에서 (At the Police Station) / 66

PART 02_ 일본어 日本語

Chapter 01_ 출국 업무 70

1. 기내 / 71
   - 기내탑승 · 71
   - 기내식 · 78
2. 입국심사 / 81
   - 입국심사 · 81
   - 수화물 수취대 · 84
   - 세관심사 · 88

Chapter 02_ 현지 업무 92

1. 호텔 / 93
   - 호텔 체크인 · 93
   - 객실 · 98
   - 레스토랑 · 102
   - 객실 키를 잃어버렸을 때 · 104
2. 이동 (기차, 버스, 배편 등) / 107
   - 기차 · 107
   - 버스 이용 시 · 110
   - 배편 · 112
3. 관광지 / 115
   - 매표소 · 115
   - 관광지 안내 · 116
4. 식당 / 118
5. 쇼핑센터 / 120

Chapter 03_ 귀국 업무 122

1. 현지 공항 / 123
   - 카운터 · 123
   - 출국심사 · 126
   - 면세구역 · 128
   - 탑승구 변경 안내 · 131
2. 환승 / 134
   - 환승 공항 · 134

Chapter 04_ 응급사항 발생: 병원, 경찰서 등 136

1. 고객이 다쳤을 경우 / 137
2. 병원 진료 / 141
3. 경찰서 / 145

PART 03_ 중국어 中國语

Chapter 01_ 출국 업무 150

1. 기내 / 151
   - 기내탑승 · 151
   - 기내식 · 159
2. 입국심사(C.I.Q) / 163
   - 입국심사 · 163
   - 수화물 수취대 · 167
   - 세관심사 · 172

Chapter 02_ 현지 업무 176

1. 호텔 / 177
   - 호텔 체크인 · 177
   - 객실 · 182
   - 레스토랑 · 186
   - 객실 키를 잃어버렸을 때 · 188
2. 이동(기차, 버스, 배편 등) / 192
   - 기차 · 192
   - 버스 · 196
   - 배편 · 198
3. 관광지 / 202
   - 매표소 · 202
   - 관광지 안내 · 203
   - 식당 · 207
   - 쇼핑센터 · 210

Chapter 03_ 귀국 업무 214

1. 현지 공항 / 215
   - 카운터 · 215
   - 출국심사 · 218

- 면세구역 · 220
- 탑승구 변경 안내 · 223

2. 환승 / 226
   - 환승공항 · 226

Chapter 04_ 응급사항 발생 228

1. 관광지 혹은 거리에서 고객이 다쳤을 경우 / 229
2. 병원 진료시 / 234
3. 경찰서 / 239

해외여행

인솔자 외국어

Part 01
영 어
English

Chapter 01_ 출국 업무(Departure Formalities)

Chapter 02_ 현지 업무(Filed Work)

Chapter 01

출국 업무

(Departure Formalities)

01. 기내에서, 기내식 제공: In the Flight

02. 입국심사: At the Immigration Office

03. 수화물 수취대: At the Baggage claim

04. 세관심사: At the Customs Clearance

1. 기내에서, 기내식 제공: In the Flight

주요단어

- T/C (Tour Conductor) 여행인솔자
- Clerk, Staff 직원
- Officer 공무원(구급요원, 경찰, 출입국관계자)
- Flight Attendance 승무원
- Passenger 승객
- Boarding pass 탑승권
- Blanket 담요
- Medicine 약
- Disembarkation cards 출입국카드
- Customs declaration forms 세관신고서
- In-flight Meals 기내식
- Confirm 확인하다
- 기타: 정중한 요청시 성별에 따른 표현

  (여성에게): Good evening. Can I help you, ma'am?

  (남성에게): Good evening. Can I help you, sir?

기내탑승 (Boarding Procedures)

승무원: 환영합니다. 탑승권을 보여주시겠습니까?

Flight Attendance: Welcome to our Airline, Could you show me your boarding pass, sir?

탑승객: (탑승권을 보여주며) 제 좌석은 어디인가요?

Passenger: (Showing the boarding pass) Where is my seat?

승무원: 네, 고객님 자리는 B30번 자리로써, 중간쯤 가시면 복도 쪽에 있습니다.

Flight Attendance: Yes, sir. Your seat number is B30, It is in the middle of this aile.

탑승객: 실례합니다. 잠시만 지나가겠습니다.

Passenger: Excuse me, let me go through please.

탑승객: 승무원님, 저쪽 자리가 빈 좌석 같은데 저쪽으로 자리를 옮겨도 되나요?

Passenger: Excuse me, there is a vacant seat, so can I change my seat into there?

승무원: 확인해서 알려드리겠습니다.

Flight Attendance: Ok, I will tell you after I check.

탑승객: 실례합니다. 담요 좀 갖다 주시겠습니까?

Passenger: Excuse me, I need a blanket. Could you bring it to me right now?

승무원: 네, 담요 가져다 드리겠습니다. 잠시만 기다려주세요

Flight Attendance: Certainly, sir. I'll be there soon with a blanket. Just a sec, please.

인솔자: 실례합니다. 여기 A56번 고객에게 담요 좀 갖다 주시겠습니까?

T/C: Excuse me. Could you bring a blanket to the passenger on A36?

승무원: 네, A56번 고객에게 담요 가져다 드리겠습니다. 잠시만 기다려 주세요.

Flight Attendance: Certainly, sir. I'll bring a blanket to the passenger on A36. Just a moment please.

탑승객: 실례합니다. 제가 머리가 아파서 그런데 혹시 두통약이 있습니까?

Passenger: Excuse me, I have a headache. Do you have some medicine for it?

승무원: 네, 두통약 가져다 드리겠습니다. 잠시만 기다려 주세요.

Flight Attendance: Yes sir, I will bring some medicine for you. Just a moment please.

인솔자: 승무원님. 출입국 신고서와 세관신고서 주시겠습니까?

T/C: Excuse me! I need some disembarkation cards and customs declaration forms.

탑승객: 실례지만 출입국 신고서와 세관신고서 20장을 저에게 주시겠습니까?

Passenger: Could you give me 20 disembarkation cards and customs declaration forms, please?

승무원: 네, 고객님 출입국 신고서와 세관신고서를 가져다 드리겠습니다.

Flight Attendance: Yes, sir. I will bring 20 disembarkation cards and customs declaration forms to you.

탑승객: 승무원님. 콜라(맥주, 땅콩, 과자) 좀 주세요.

Passenger: Excuse me! I need a Coke(a beer, some peanuts, some snacks), please.

승무원: 네, 콜라(맥주, 땅콩, 과자) 가져다 드리겠습니다.

Flight Attendance: Ok! I will bring it to you.

탑승객: 승무원님. 앞으로 목적지까지 도착하는데 시간이 얼마나 걸리죠?

Passenger: Excuse me, how long does it take from here to the destination?

승무원: 네, 고객님 목적지까지 도착 시간은 약 5시간 30분 남았습니다.

Flight Attendance: We have five and half hours to the destination.

기내식 제공 (Providing in-flight Meals)

인솔자: 승무원님, 저기 A30번 고객님께서는 출발 전 차일드밀을 예약했습니다. 확인 부탁드립니다.

TC: Excuse me, the passenger sitting on A30 made a reservation for the child meal before departure. Could you confirm it?

승무원: 네, 고객님 확인해드리겠습니다. (잠시 후) 확인해본 결과 차일드밀이 신청되어 있습니다.
잠시 후 기내식 제공 때 차일드 밀을 제공해 드리겠습니다.

Flight Attendance: Yes. I will confirm it. (after checking) The passenger's order is already taken care of.
I will provide the child meal to the passenger while serving in flight meal.

승무원: A30번 고객님 차일드 밀 신청 확인해 본 결과 신청이 되어 있지 않습니다.

Flight Attendance: Oh! I'm so sorry, sir! Your customer is not on the list for the special meal.

인솔자: 그래요? 혹시 그럼 다른 방법이 없을까요? 남는 차일드 밀이 있으면 제공을 부탁드립니다.

TC: Oh Really? Is there another way to solve the situation here?
If you have extra child meals, we ask you to provide it to him, please.

승무원: 네, 확인해보겠습니다.

Flight Attendance: Okay, I will check it.

승무원: 소고기와 오믈렛(생선, 닭고기)이 있습니다. 어떤 것으로 하시겠습니까?

Flight Attendance: You have a choice between a beef and a omelette(fish and chicken).
What would you like, sir?

탑승객: 저는 오믈렛으로 주세요.

Passenger: I'd like an omelette. please.

승무원: 음료는 콜라, 사이다, 맥주, 와인, 커피가 있습니다. 어떤 것으로 하시겠습니까?

Flight Attendance: Would you like to have something to drink with your meal?
We have some Coke, cider, beer, wine, and coffee.
What would you like, sir?

탑승객: 맥주로 주세요.

Passenger: Beer, Please!

항공기 기내예절 In-flight Attitude

1. 승무원은 호출버튼으로 부른다.
2. 승무원의 지시에 협조한다.
3. 공중에서는 지상에서 보다 쉽게 취하므로 음주 예절을 지킨다.
4. 기내에서는 금연
5. 큰 소리로 떠들지 않는다.
6. 객실승무원에게 성적 수치심을 유발하는 언행 및 행동 금지
7. 식사 할 때는 좌석 등받이를 세운다.
8. 장거리 비행에서 발이 피로하다면 지급해준 실내화를 착용
9. 담요 등 기내용품을 반출 금지
10. 옆사람의 좌석 범위까지 내 신체 부위가 침범하지 않도록 한다.
11. 먼저 내리려고 출입구로 미리 나가지 않는다.

2. 입국심사: At the Immigration Office

주요단어

- Passport 여권
- Immigration office 입국심사대
- Party 일행
- Tour conductor 여행인솔자
- Purpose 목적
- Stay 체류하다
- Return ticket 귀국항공권
- Three nights and four days 3박 4일

심사관: 여권을 보여주세요. 어디에서 오셨습니까?
Officer: May I have your passport, please? Where are you from?

관광객: 한국에서 왔습니다.
Tourist: I'm from Korea.

심사관: 방문 목적이 무엇입니까?
Officer: What is the purpose of your trip?

관광객: 관광(친지방문, 출장 등) 목적으로 왔습니다.

Tourist: Just traveling(Visiting my family members, Business)

심사관: 일행이 있습니까?

Officer: How many people are there in your party?

관광객: 네, 저는 여행인솔자이고 저희 일행은 총 15명입니다.

Tourist: Yes, I'm tour conductor, and there are 15 in my party.

심사관: 얼마 동안 체류할 예정이십니까?

Officer: How long will you stay here?

관광객: 3박 4일간 체류 할 것입니다.

Tourist: For three nights and four days

심사관: 여기서 머무르는 숙박 장소는 어디죠?

Officer: Where will you stay here?

관광객: 시내에 있는 하얏트 호텔입니다.

Tourist: We will stay at the Hyatt hotel in downtown

심사관: 귀국 항공권을 가지고 계십니까?

Officer: Do you have a return flight ticket?

관광객: 네. 돌아가는 비행티켓은 10월 15일 오후 21시 35분 OZ 항공 317편입니다.

Tourist: Yes! I have a return ticket on OZ 317 on OCT 15th at 9.35 p. m.

기타 흔히 접하는 입국 심사시 질문

- What is the purpose of your visit?
  여행목적이 무엇 입니까?
- How long are you going to stay?
  얼마나 체류하실 예정 입니까?
- When did you make up your mind to study in this country?
  언제 이곳에서 공부하기로 결정 하셨습니까?
- Why can't you study in your home county?
  왜 자국에서 공부안하고 유학 하시려 합니까?
- Have you got a return ticket?
  귀국 항공권 있으십니까?
- Who is going to be responsible for your School Fees?
  학비는 누가 지원 해주십니까?
- What do you intend to do at the end of your course?
  졸업 후 무엇을 하려 하십니까?
- Have you any relatives here?
  이곳에 친척이 있으십니까?
- How much money have you got?
  가진 돈은 얼마 입니까?

3. 수화물 수취대: At the Baggage claim

주요단어

- Passport 여권
- Immigration office 입국심사대
- Party 일행
- Tour conductor 여행인솔자
- Purpose 목적
- Stay 체류하다
- Return ticket 귀국항공권
- Three nights and four days 3박 4일

관광객: 제 짐을 어디에서 찾아야 합니까?
Tourist: Excuse me, Where can I find my luggage?

직 원: 타고 오신 비행편명이 어떻게 되시죠?
Staff: Which airline did you arrive in?

관광객: OZ371편입니다.
Tourist: By OZ371.

직 원: (전광판을 확인하며) 수화물수취대는 5번입니다. 계단을 내려가서 오른쪽에 있습니다.

Staff: (Pointing the displaying board) Your baggage claim number is 5.
Go down the stairs, and you can find it on your right.

관광객: 제 짐을 찾을 수가 없습니다. 분실신고 센터가 어디에 있나요?

Tourist: Excuse me! I can't find my baggage. Is there a lost and found office?

직 원: 오른쪽 끝에 위치해 있습니다. 그쪽으로 가시면 됩니다.

Staff: It's the end of right side. Just go along that way.

관광객: 제 짐이 나오지 않았습니다.

Tourist: I can't find my baggage in the baggage claim.

직 원: 짐표(수화물 표)를 보여주시겠습니까?

Staff: Could you show me your baggage claim tag?

직 원: 가방 색깔이 어떻고 가방의 크기는 어떻게 되나요?

Staff: Could you describe your baggage like size and color?

관광객: 가방의 색깔은 검정색 하드케이스이며, 크기는 25인치입니다.

Tourist: It is a hard sided case and a black baggage 25 inches.

직 원: 확인해서 연락드리겠습니다. 연락 가능한 연락처를 알려 주시겠습니까?

Staff: After I check, I will call you back. May I ask your contact number?

관광객: 제 가방이 파손이 되었습니다. 어떻게 해야 하나요?

Tourist: My luggage is broken. What should I do with my luggage?

직 원: 왼쪽 KATE항공사 카운터로 가셔서 말씀 하시면 됩니다.

Staff: You can ask someone to KATE Airline counter on your left.

관광객: 제 가방이 파손이 되었습니다.

Tourist: Excuse me, My luggage is broken. What should I do with my luggage?

직 원: 네 알겠습니다. 조치해드리도록 하겠습니다.

Staff: Yes, sir! We will take immediate action to solve the problem.

배상관련 TIP

배상 기준

· 항공사에 위탁한 수하물의 분실, 파손 및 도난의 배상한도는 탑승 노선의 적용 협약에 따라 kg당 USD 20

· 단, 사전에 고가품임을 신고하고 종가요금을 지불한 경우 신고가격으로 배상하고 초과 수하물 요금을 지불하였을 경우에는 지불한 중량을 기준으로 배상하는 것을 원칙

유형별 배상 기준

· 분실 및 도난

· 사전에 고가품임을 신고하고 종가요금을 지불한 경우 신고가격으로 배상하고 초과 수하물 요금을 지불하였을 경우에는 지불한 중량을 기준으로 배상하는 것을 원칙

· 중량에 의한 배상 가능액(USD 20/kg)과 손님의 실제 손해액 중 낮은 액수를 배상

· 중량은 손님의 항공권 Bag Check난에 기재된 중량이나, Auto Bag Tag일 경우 Bag Tag상에 기록된 중량을 근거

· 항공권에 중량이 기재되지 아니한 경우나 분실 수하물의 중량 산정 불가시 손님이 작성한 분실 물품 명세서를 바탕으로 IATA가 제정한 Table of Weight를 참고하여 무게를 산정

· 파손 및 손상

· 수선(Repair): 수리비 영수증을 근거로 수리비를 배상. Wet Damage의 경우도 세탁비 영수증을 근거로 배상

· 현금배상 또는 현품구입 배상: 수리 불가시 파손된 수하물의 원 구입가액에 연간 10%씩 감가상각액을 공제한 금액 내에서 신

품을 구입하여 주거나, 현금으로 지급
· 파손 및 손상에 관한 배상도 탑승하신 노선의 적용 협약의 배상 한도가 적용

· 인도 지연
· 수하물 지역 도착 시 손님의 요구에 의거 1인당 1회에 한하여 일용품 구입비(Daily Necessity Fee)를 지급

4. 세관심사: Customs Clearance

주요단어

- Declare 신고하다
- Aisle 복도
- Souvenir 기념품
- Prohibited 금지된
- Items 항목, 물품
- Seize 압수하다
- Go out 밖으로 나가다
- Anything ~ 것 (부정문, 의문문)
- Something ~것 (긍정문)
- Alcohol 술
- Ginseng 인삼

심사관: 세관 신고 할 물품이 있습니까?

Officer: Anything to declare?

관광객: 아니요. 없습니다.

Tourist: No, I have nothing to declare.

심사관: 녹색통로 쪽으로 나가시면 됩니다.

Officer: You can go out to the green aisle.

심사관: 세관 신고 할 물품이 있습니까?

Officer: Do you have anything to declare?

관광객: 네, 있습니다.

Tourist: Yes, I have something to declare

심사관: 빨간색통로 쪽으로 나가시면 됩니다

Officer: Go out to the red aisle.

심사관: 가방을 좀 열어보시겠습니까? 이 물건은 무엇이지요?

Officer: Could you open your bag?

관광객: 이 물건은 (김치, 라면, 홍삼, 소주)입니다. (또는 현지에 있는 친구 선물입니다.)

Tourist: This is an Korean souvenir like Kimchi, Korean alcohol, Red ginseng, and Korean Ramen.
This is an gift for may friend living here.

심사관: 이 물건은 당국에 입국 금지 물품입니다. 압수하겠습니다.

Officer: These are prohibited items, so we will seize your items.

쉬운출입국 관련 앱 사용

플레이마켓 또는 앱스토어에서 "쉬운 출입국" 앱을 다운받아 실행

Chapter 02

현지 업무

(Filed Work)

01. 호텔 내에서: In the Hotel

02. 호텔 객실 내에서: In the Hotel Room

03. 호텔 레스토랑에서: At the Hotel Restaurant

04. 호텔 프론트 데스크에서: At the Front desk

05. 이동(기차, 버스, 배편 등): Transportation (By Train, By Bus, By Ship)

06. 관광지에서: At the Tourism Sites

1. 호텔 내에서: In the Hotel

주요단어

- Hotel Check-in　호텔 입실수숙
- Hotel Checkout　호텔 퇴실수속
- Hotel voucher　호텔 바우처
- Reservation　예약
- Single room　싱글룸
- Twin-bed rooms　트윈침대가 있는 룸
- Triple room　침대 3개가 있는 트리플 룸
- Arranged　정리된
- Confirm　확인하다
- Copies　복사물
- A wake-up-call　모닝콜
- Breakfast　아침식사
- is/are consisting of　구성하다
- Rooming list　방 배정표

호텔 체크인 (Hotel Check-in)

인솔자: 안녕하세요. 호텔 체크인 부탁드립니다.

T/C: Hello~ I'd like to check in, please.

프론트: 안녕하세요. 고객님 호텔 바우처와 여권을 주시겠습니까?

Hotelier: Welcome to our hotel. May I have your hotel voucher and passport?

인솔자: 네, 바우처는 여기 있고요, 여권은 총 16개 여기 있습니다. 객실은 싱글 1방, 트윈 7방, 트리플 1방으로 예약했습니다.

T/C: Here are the vouchers. There are 16 passports. We have a reservation for 1 single room, 7 twin-bed rooms, and 1 triple room.

프론트: 네, 확인하겠습니다.

Hotelier: Okay, I will check it.

인솔자: 아~! 그리고 객실 배정은 바로 옆방으로 붙여주시고요, 전망이 좋은 객실로 배정 부탁드립니다.

T/C: Ah~ Rooms should be arranged side by side each other and have a nice view, please.

프론트: 네, 확인해드리겠습니다. (잠시 후) 객실 예약 확인 되었습니다. 객실 키 드리겠습니다.

Hotelier: Yes, sir! I will check it. (After checking) I confirmed your reservations. Here are your keys.

프론트: 총 객실은 9개이고요 싱글 방 1개, 트윈 방 7개, 트리플 방 1개입니다.

Hotelier: There are 9 rooms consisting of 1 single room, 7 twin-bed rooms, and 1 triple room.

인솔자: 방 배정표 복사를 부탁드립니다.

T/C: Could you copy this rooming list?

프론트: 몇 장 해드릴까요?

Hotelier: How many copies do you want?

인솔자: 8장 부탁드립니다. 그리고 내일 각 방에 모닝콜을 해주시면 감사하겠습니다.

T/C: 8 copies please. Can I get a wake-up-call tomorrow morning one by one?

프론트: 모닝콜은 몇 시에 해드릴까요?

Hotelier: What time would you like, sir?

인솔자 네, 오전 7시로 부탁드립니다. 그리고 아침식사 시간과 장소는 어디인가요?

T/C: 7 a. m. please. Could you tell me the time of breakfast and place?

프론트: 아침 식사 시간은 오전 07시~오전 10시까지이며, 위치는 로비 오른쪽 페닌슐라 레스토랑입니다. 입장 시 조식 쿠폰(방 번호)을 제출하셔야 합니다.

Hotelier: The breakfast time is from 7 a.m. to 10 a.m. The place is Peninsula restaurant located in the right side of the lobby.

인솔자: 감사합니다.

T/C: Thanks.

2. 호텔 객실 내에서: In the Hotel Room

주요단어

- Hotelier 호텔직원
- Front desk 호텔 프론트데스크
- Room service 룸서비스
- Order 주문하다
- Prepare 준비하다
- Bring 가져오다
- Send 보내다
- Housekeeper 하우스키퍼
- Take a shower 샤워하다
- Hot water 뜨거운 물
- Drain 하수구
- Clogged 막히다
- Broken 망가지다

호텔 객실에서: In the Room. (Calling to Front desk)

프론트: 프론트 데스크입니다. 무엇을 도와드릴까요?

Hotelier: Front desk. May I help you?

투숙객: 룸서비스를 이용하려고 하는데요. 와인과 찹 스테이크를 가져다주시겠습니까?

T/C: I want to use room service. Can I order a wine and chop steak?

프론트: 알겠습니다. 준비하도록 하겠습니다. 방 번호가 어떻게 되시죠?

Hotelier: Okay. We will be prepared. What is your room number, sir?

투숙객: 1303호입니다.

Guest: Room 1303.

프론트: 프론트 데스크입니다. 무엇을 도와드릴까요?

Hotelier: Front desk. May I help you?

투숙객: 수건을 가져다주시겠습니까? 그리고 뜨거운 물이 나오지 않습니다. 확인 부탁드립니다.

Guest: Could you bring a towel to me right now? By the way, I'm not getting any hot water.

프론트: 지금 바로 하우스키퍼를 보내겠습니다.

Hotelier: I will send a housekeeper to your room right away.

하우스키퍼: 고객님 무엇이 문제인지요?

Housekeeper: Sir! What seems to be the problem?

투숙객: 샤워를 하려고 하는데 욕조에 뜨거운 물이 나오지 않습니다.

Guest: I tried to take a shower, but I couldn't get any hot water.

투숙객: 하수구에 물이 내려가지 않습니다. / 변기가 고장 났습니다.

Guest: The drain is completely clogged/ The toilet is broken.

침구류 용어 TIP

1. 베개종류
   - Pillow Case(필로우케이스): 자루형 베개
   - Pillow Sham(필로우샴): 지퍼형 베개
   - European Sham(유로피안샴): Pillow Sham 뒤에서 침대 헤드용으로 사용
2. Fitted Sheet(피티드시트): 매트리스커버
   - 홑겹 커버로 아래에 고무줄이 달려 있습니다.
3. Flat Sheet(플랫시트): 홑겹 이불커버
   - 홑겹 이불을 펴고 그 위에 이불이나 담요를 덮어 사용합니다.
4. Comforter(컴포터)
   - 솜과 원단을 같이 누빈 누비 이불과 비슷하나 솜을 넣고 뺄 수

없고 우리나라 누비보다 더 풍성하다.

5. Duvet Cover(듀벳커버)
   - 이불 솜을 넣는 커버로 홑겹 2장으로 되어 있다.
6. Sheet Set:
   - 매트리스 커버(Fitted Sheet): 1장
   - 플랫시트(Flat Sheet): 1장
   - 베개커버(Pillow Case): 2장

3. 호텔 레스토랑에서: At the Hotel Restaurant

주요단어

- Breakfast coupon 조식 쿠폰
- Have a seat 자리에 앉다.
- Clean up 청소하다
- Window seat 창가좌석
- Dirty 더러운
- Right now 당장

웨이터: 안녕하세요. 고객님 좋은 아침입니다. 방 번호를 알려주시겠습니까? (조식쿠폰을 주시겠습니까?)

Waiter: Good morning! Could you tell me your room number, sir?
(May I have your breakfast coupon?)

투숙객: 1303호입니다. 어디에 앉으면 되지요?

Guest: Room 1303. Where can I have a seat?

웨이터: 저를 따라 오시죠. 저기 보이는 창 측 테이블에 앉으시면 됩니다.

Waiter: Just follow me, please. you can have a window seat over there.

투숙객: 실례합니다. 여기 테이블이 더럽습니다. 치워주시겠습니까?

Guest: Excuse me! This table is so dirty. Could you clean up?

웨이터: 네, 바로 치워드리도록 하겠습니다.

Waiter: Yes, sir! I will clean up the table right now.

무엇을 시킬지 모를 때 TIP

What's good here? 제일 잘하는 음식이나 추천요리를 물을 때 쓰면 유용하다.

a: Good morning, ma'am. How are you today?

b: Pretty good, thanks.

a: Would you like tea or coffee?

b: I'll have tea, green tea, please.

a: All right, ma'am. .... May I take your order now?

b: Yes, please. * What's good here?

a: I'd like to recommend the Shark's Fin or Prawn with chilly sauce.

b: Shark's Fin, please

a: Thank you, ma'am. We'll prepare it for you right away.

4. 호텔 프론트 데스크에서: At the Front desk

주요단어

- Room key 호텔 객실 열쇠
- Room number 객실번호
- Lose 잃다
- Outside 바깥쪽의
- Reissue 재발급하다
- Pay 지불하다
- Cost (값, 비용)이 들다

객실 열쇠를 잃어버렸을 시: At the Front Desk (When losing the room key)

프론트: 프론트 데스크입니다. 무엇을 도와드릴까요?
Hotelier: Front desk. May I help you?

투숙객: 제가 외부에서 객실 열쇠를 잃어버렸습니다.
Guest: I lost my room key from outside hotel.

프론트: 고객님 방 번호가 어떻게 되지요?
Hotelier: What is your room number, sir?

투숙객: 1303호입니다.

Guest: Room 1303.

프론트: 이름이 무엇입니까?

Hotelier: May I ask your name?

투숙객: 이은민입니다.

Guest: Eun-min Lee.

프론트: 알겠습니다.

Hotelier: I've got it.

프론트: 고객님 열쇠는 재발급이 가능하나, 열쇠를 잃어버린 것에 대하여 추가 비용이 발생이 됩니다.

Hotelier: We can reissue your room key, but you should for that.

프론트: 결제를 바로 하시겠습니까? 아니면 체크아웃 할 때에 계산하시겠습니까?

Hotelier: Are you paying now? or Are you paying when you checkout?

투숙객: 얼마죠?

Guest: How much is it?

프론트: $10입니다.

Hotelier: It costs $10

투숙객: 체크아웃 할 때에 계산하겠습니다.

Guest: Okay! I will pay when I check out.

유럽의 팁문화에 대한 TIP

· 레스토랑에서

전체 식사비의 10~15% 정도가 적당하며, 카드로도 팁을 줄 수 있다.

· 호텔에서

청소 등 서비스를 받으면 호텔의 급에 따라 다르지만 보통 1박에 3유로 정도.

· 호텔 도어맨

호텔 앞 길에 나가 택시를 잡아주면 1유로, 전화로 택시를 불러주면 2유로 정도

· 호텔 벨보이

가방 한 개당 1~2유로가 적당하며, 여러개일 경우 5유로 정도 주면 적당

· 공항에서 짐들어주는 포터

가방 한 개당 1유로, 유난히 크거나 무거운 가방일 경우에는 2유로를 주면 적당

· 택시

보통 전체 택시 요금의 10% 정도로, 2~5유로라 생각하면 되고, 무거운 가방을 실은 경우에는 가방당 1유로가 적당

5. 이동(기차, 버스, 배편 등): Transportation (By Train, By Bus, By Ship)

주요단어

- Ticket office 매표소
- Adult 성인
- Children 아이들
- Cash 현금
- Credit card 신용카드
- Local 완행의
- Express 직행의
- Platform 승강장
- in the middle of ~중간에
- Arrival time 도착시간
- Arrive 도착하다
- Washroom 화장실
- Life jacket 구명조끼
- Over there 저쪽의

기차 이용: By Train

매표소 (At the Ticket Office)

인솔자: 파리로 가는 표를 구매 하려고 합니다. 인원은 성인 10명, 아동 5명, 총 15명입니다.

T/C: I'd like to get some tickets to Paris for 15 people consisting of 10 adults, 5 children.

매표원: 알겠습니다. 결제는 현금입니까? 카드입니까?

Clerk: I see. How would you like to pay? By Cash? By Credit card?

인솔자: 카드로 결제 하겠습니다.

T/C: I will pay by credit card.

인솔자: 이 열차는 직행 열차 인가요? 아니면 특급 열차 인가요?

T/C: Is it local or express?

매표원: 직행열차입니다.

Clerk: It's a local train.

플랫폼 (At the Platform)

인솔자: 5번 플랫폼으로 가려면 어디로 가야 합니까?

T/C: Could you tell me how to get to platform 5?

직 원: 이 길 따라 20미터를 가시다가 우측에 5번 플랫폼이 있습니다.

Clerk: It is about 20 meters along on your right.

기차 안 (In the Train)

인솔자: 저희 좌석은 어디에 있나요?

T/C: Where is my seat?

승무원: 저쪽 중간 자리에 있습니다.

Staff: It is in the middle of the aisle over there.

인솔자: 목적지 도착 예정시간은 몇 시 입니까?

T/C: What is the arrival time?

승무원: 도착 예정시간은 약 2시간 후인 오후 8시 35분입니다.

Staff: We will arrive there at 8:35 P. M. after 2 hours.

버스 이용 시: By Bus

매표소 (At the Ticket Office)

인솔자: 리옹으로 가는 표를 구매 하려고 합니다. 인원은 성인 10명, 아동 5명, 총 15명입니다.

T/C: I'd like to get a ticket to Liyon. There 15 people consisting of 10 adults and 5 children.

매표원: 알겠습니다. 결제는 현금입니까? 카드 입니까?

Clerk: I see. How would you like to pay? By Cash? By Credit card?

인솔자: 카드로 결제 하겠습니다.

T/C: I will pay by credit card.

인솔자: 이 버스는 직행인가요? 아니면 특급인가요?

T/C: Is it local or express?

매표원: 직행 버스입니다.

Clerk: It's a local bus.

버스 안 (In the Bus)

인솔자: 저희 좌석은 어디에 있나요?

T/C: Excuse me, Where can I have a seat?

운전수: 고객님 저쪽 중간 자리에 있습니다.

Driver: Your seat is in the middle of the aisle over there.

인솔자: 목적지까지 도착 예정시간은 언제인가요?

T/C: What is the arrival time?

운전수: 도착 예정시간은 약 2시간 후인 오후 8시 35분입니다.

Driver: We will arrive there at 8:35 P. M. after 2 hours.

배편 이용 시: By Ship

매표소 (At the Ticket Office)

인솔자: 빈탄 섬으로 가는 표를 구매 하려고 합니다. 인원은 성인 10명, 아동 5명, 총 15명입니다.

T/C: I'd like to get a ticket to Bintan. There 15 people consisting of 10 adults, and 5 children.

매표원: 알겠습니다. 결제는 현금입니까? 카드 입니까?

Clerk: I see. How would you like to pay? By Cash? By Credit card?

인솔자: 현금으로 결제 하겠습니다.

T/C: I will pay by cash.

배 안 (In the Ship)

인솔자: 저희 좌석은 어디에 있나요?

T/C: Excuse me, Where can we have a seat?

승무원: 고객님 저쪽 중간 자리에 있습니다.

Staff: Your seat is in the middle of the aisle over there.

인솔자: 목적지까지 도착 예정시간은 언제인가요?

T/C: What is the arrival time?

승무원: 도착 예정시간은 약 2시간 후인 오후 8시 35분입니다.

Staff: We will arrive there at 8:35 P. M. after 2 hours.

인솔자: 화장실은 어디에 있나요? 구명조끼는 어디에 있나요?

T/C: Where is the washroom? Where is the life jacket?

유레일 글로벌 패스(Eurail Global Pass)란?

유레일 글로벌 패스란 정해진 기간동안 유럽 28개국 내에서 자유롭게 기차를 이용하실 수 있는 탑승권으로 유럽여행의 필수품!!

청소년(12-25)은 할인적용!

함께 여행하는 성인도 할인적용! (2명~5명 그룹)

글로벌패스는 연속패스와 플렉시패스(이용날짜 선택)가 있다.

연속패스는 정해진 기간 동안 이용국가 내에서 횟수에 관계없이 무제한으로 탑승할 수 있으며, 플렉시 패스는 정해진 기간 동안 자신이 이용할 날만 선택해서 사용할 수 있다.

· 연속패스 종류

15일 / 22일 / 1개월 / 2개월 / 3개월

· 플렉시패스 종류

5일 선택(1개월 이내) / 7일 선택(1개월 이내) / 10일 선택 (2개월 이내) / 15일 선택(2개월 이내)

6. 관광지에서: At the Tourism Sites

주요단어

- Tourism sites 관광지
- Go straight 직진하다
- Intersection 교차로
- Turn left 좌회전하다
- Turn right 우회전 하다
- Look for 찾다
- Go along ~따라 가다
- Get to 다다르다
- T-junction T 모양 교차로
- Miss 놓치다
- Understand 이해하다
- Sign board 안내 표지판
- Side dish 반찬
- Steamed rice 밥
- Small dish 앞접시
- Popular 유명한
- Specialize in 특성화하다
- Refundable 환불가능한
- Exchangeable 교환가능한
- Discount 할인하다
- Precaution 주의사항

매표소 (At the Ticket Office)

직 원: 안녕하세요?

Clerk: Hello?

인솔자: 입장권을 구매하려고 합니다. 저희 인원은 성인 10명, 아동 5명 그리고 인솔자 1명입니다. 얼마죠?

T/C: I'd like to get a ticket. There 16 people consisting of 10 adults, 5 children, and 1 tour conductor. How much is it?

직 원: 성인은 1인당 $15, 아동은 $5 총 $175입니다. 인솔자는 무료입니다. 결제는 현금으로 하시겠습니까? 카드로 하시겠습니까?

Clerk: For adult, it costs $15 per person. For child, it costs $5 per person.
Tour conductor is free. How would you like to pay? By Cash? By Credit card?

인솔자: 현금으로 하겠습니다.

T/C: I will pay by cash.

관광지 안에서 (In the Tourism Site)

인솔자: 실례합니다. 기념품 판매점은 어디에 있나요?

T/C: Excuse me, I'm looking for souvenir shop.

직 원: 직진으로 가다가 사거리가 나옵니다. 거기서 왼쪽으로 가면 됩니다.

Clerk: Just go straight to the intersection. Then, turn left at the intersection.

인솔자: 실례합니다. 화장실은 어디에 있나요?

T/C: Excuse me, I'm looking for washroom.

직 원: 화장실은 왼쪽으로 가다가 삼거리가 나옵니다. 거기서 우측으로 가시면 됩니다.
잘 모르면 공원 안내 표지판이 있으니 참고 하십시오.

Clerk: Okay! Turn left and Go along that way until you get to T-junction.
At the T-junction, turn right. You can't miss it. If you don't understand, you can use the sign board in the park.

식당에서 (in the Restaurant)

인솔자: 저희 일행은 15명입니다. 자리를 안내해 주시겠습니까?
T/C: There are 15 people in our party. Could you guide us?

웨이터: 예약을 하셨습니까?
Waiter: Did you guys make a reservation?

인솔자: 네, KATE투어로 15명 예약을 하였습니다. 확인 부탁드립니다.
T/C: Yes, we have a reservation under name of KATE tour.

웨이터: (확인 후) 확인되었습니다. 이쪽으로 오시지요
Waiter: (After checking) I've got it. This way, please.

인솔자: 여기 (물, 반찬, 밥, 앞 접시) 가져다주시겠습니까?
T/C: Excuse me, May I have (water, side dish, steamed rice, small dish)?

웨이터: 알겠습니다. 더 필요한 것은 없습니까?
Waiter: Okay, sir! Anything else?

쇼핑센터에서 (in the Shopping Mall)

구매자: 이 나라에서 제일 유명한 제품은 무엇인가요?
Guest: What is the most popular item in your country?

판매자: 이 나라에서 제일 유명한 것은 라텍스입니다.
Clerk: We specialize in Latex.

구매자: 이 제품의 가격은 얼마이죠?
Guest: How much is this?

판매자: $150입니다.
Clerk: It costs $150.

구매자: 이 제품은 환불 및 교환이 되나요?
Guest: Is this refundable and exchangeable?

판매자: 교환 및 환불이 됩니다.
Clerk: Certainly, sir

구매자: 이 제품은 할인이 되나요?
Guest: Can I get a discount with this?

구매자: 이 제품을 취급할 때 주의사항은 무엇인가요?
Guest: What is the precaution to use this one?

세금환급 Tip

카드

· 매장에서 환급서류(카드로 환급받을 경우에는 카드번호를, 수표로 받을 때는 한국의 집주소를 영문으로 정확히 기입)를 작성한다.
· 점원이 주는 환급서류(2장)를 보관 했다가 공항에서 체크인하기 전에 물품들과 서류를 세관에 보여주고 출국증명 스탬프를 받는다.

현금

· 매장에서 환급서류를 작성한 뒤, 점원이 주는 환급서류(2장)을 보관했다가 공항에서 체크인하기 전 물품들과 서류를 세관에 보여주고 출국증명 스탬프를 받고 공항 내 지정장소에서 수수료를 제외한 현금으로 곧바로 환급 받을 수 있다.
한 가지 유의할 점은 세금 환급방법은 국가나 매장별로 그 기준이 다를 수 있으니 사전에 확인해야 한다.

Chapter 03

귀국 업무

(Homecoming Affairs)

01. 현지 공항에서 (At the Airport)

02. 환승의 경우 (For the Transit passenger)

현지공항 및 환승

주요단어

- Airline Counter 항공사 카운터
- Front seat 앞좌석
- Exit door 비상구
- Departure time 출발시간
- Delay 연기하다
- Inclement weather condition 나쁜 기상조건
- Compensation 보상
- Accommodation 숙박
- Transportation 교통
- Meals 식사
- Departure card 출국신고서
- Duty free 면세의
- Liquid 액체의
- Expiration date 유효기간
- Transit passenger 환승객
- Transit counter 환승카운터
- Smoking section 흡연구역
- Bound 향하는

1. 현지 공항에서 (At the Airport)

카운터 (At the Airline Counter)

카운터: 항공권과 여권을 주시겠습니까?

Clerk: May I see your e-ticket and passport?

인솔자: 여기 있습니다. 혹시 좌석 배정이 가능하면 저희 일행들은 앞쪽 좌석으로 부탁합니다.

T/C: Here it is. If possible, we would like to have the front seat, please.

카운터: 확인 하겠습니다.

Clerk: I will check it.

인솔자: 혹시 비상구 자리가 있다면, 제 좌석은 비상구 좌석으로 배정을 부탁합니다.

T/C: Can I have a seat near the exit door, if possible?

카운터: 확인 하겠습니다.

Clerk: Okay, I will check it.

카운터: 탑승권 드리겠습니다. 확인 해주세요. 그리고 원래 비행 출발 시간은 오후 8시였는데 기체 결함(기상조건)으로 출발이 지연되었습니다.

Clerk: Here you are. Could you confirm your boarding pass? By the way, the departure time was 8 P. M , but it is the departure time delayed because of the mechanical problems. (inclement weather condition)

인솔자: 그럼 예정된 출발 시간은 언제인가요?

T/C: What is the changed departure time?

카운터: 내일 오전 8시입니다.

Clerk: It's 8 a. m. tomorrow morning.

인솔자: 출발 지연에 따른 보상은 어떻게 됩니까?

T/C: What is the compensation for the delay?

카운터: 공항 근처 호텔에서 1박, 교통편, 식사를 제공해드리도록 하겠습니다.

Clerk: We'll provide free one night accommodation near airport, transportation, and meals.

출국심사 (At the Immigration Office)

심사관: 여권을 보여주시겠습니까?

Officer: May I see your passport?

관광객: 여기 있습니다.

Tourist: Here it is.

심사관: 출국신고서가 없습니다. 저쪽에 출국신고서가 있으니 작성해서 오시기 바랍니다.

Officer: You don't have any departure card. Could you make it departure card over there?

관광객: 네, 알겠습니다.

Tourist: I've got it.

심사관: 어느 나라로 출국하시죠?
Officer: Where are you going to?

관광객: 한국으로 갑니다.
Tourist: I'm going to Korea.

심사관: 여기에 머무는 동안 투숙했던 곳은 어디인가요?
Officer: Where did you stay during your sightseeing?

관광객: 힐튼 호텔입니다.
Tourist: I stayed at the Hilton hotel.

심사관: 즐거운 시간 보냈습니까?
Officer: Did you have good time in there?

관광객: 네, 무척 즐거웠습니다.
Tourist: Yes! I had great time in your country.

심사관: 감사합니다. 안녕히 가세요.
Officer: Thanks. Have a good trip!

면세구역 내 (In the Duty Free Section)

관광객: 이 제품의 가격은 얼마죠?
Tourist: How much does it cost?

관광객: 이 제품의 사용방법은 어떻게 되나요?
Tourist: How can I use this?

관광객: 이 제품의 유통기한은 어떻게 되죠?

Tourist: What is the expiration date?

관광객: 남성(여성)도 사용 가능한 제품인가요?

Tourist: Is this for men? Is this for women?

관광객: 이 양주로 주세요. 얼마죠?

Tourist: I will buy this whisky. How much is it?

판매원: $100입니다. 최종 목적지가 어디신가요? 혹시 환승객 하십니까?

Clerk: It costs $100. Where is the final destination? Are you transit passenger?

관광객: 아니요, 최종 목적지는 한국이고요, 직항입니다.

Tourist: No. My final destination is Korea. I will use direct flight.

판매원: 네, 고객님 액체류는 최종 목적지에 도착하실 때 까지 이 포장을 뜯으시면 안 됩니다.

Clerk: You should not open this package to arrive to the final destination due to the liquid one.

관광객: 여기 흡연 구역은 어디죠?

Tourist: Excuse me, I'm looking for the smoking section.

직 원: 직진하시다가 저기 보이는 기둥 오른쪽에 있습니다.

Clerk: Go straight until you find the pillar. It's on the right side of the pillar.

관광객: 14번 게이트가 어디에 있죠?

Tourist: Could you tell me where the gate 14 is?

직 원: 저 앞 샤넬매장을 끼고 우회전 하다가 다시 좌회전 하면 됩니다.

Clerk: Turn right at the Channel, the turn left.

탑승구 변경 안내 (Information to the Changed Gate)

직 원: 안내해드립니다. 금일 인천으로 가는 OZ731편의 탑승구가 13번 탑승구에서 7번 탑승구로 변경되었음을 알려드립니다. OZ731편을 이용하는 고객께서는 이용에 착오 없으시길 바랍니다.

Clerk: Hello. Passengers of flight OZ731 bound for Incheon. The departure gate has been changed from gate 13 into gate 7. Thank you for your patience.

관광객: 여기가 금일 인천으로 가는 OZ731편의 변경된 탑승구가 맞습니까?

Tourist: Excuse me, Is this the gate for flight OZ731 bound for Incheon?

직 원: 네, 맞습니다.

Clerk: Yes, right!

2. 환승의 경우 (For the Transit passenger)

환승 공항 (At the Transit Counter)

인솔자: 저기요, 실례합니다. 환승 카운터가 어디입니까?

T/C: Excuse me, I'm looking for the transit counter.

직 원: 저기 보이는 환승안내표지판을 따라서 가시면 됩니다.

Clerk: Can you see that board? You can follow the direction board to transit.

인솔자: 인천으로 가는 20명 단체 여행객입니다. 환승 수속을 부탁드립니다.

T/C: There are 20 transit passenger to Incheon. We'd like to check in, please.

카운터: 여권과 항공권을 주시기 바랍니다.

Clerk: May I see your passport and boarding pass?

카운터: 여기 여권과 탑승권을 받으십시오.

Clerk: Here are your passport and boarding pass.

인솔자: 감사합니다.

T/C: Thanks.

경유, 환승, 단기체류 Tip

경유 (Transit)

출발지에서 탑승한 비행기가 중간 경유지에서 급유, 기내식준비, 청소, 승객의 재탑승 등의 이유로 잠시 1~2시간 정도 대기후 동일한 비행기에 재 탑승하는 경우를 말합니다.

환승 (Transfer)

환승은 경유와 달리 비행기가 변경 됩니다. 구매한 항공권에 따라 같은 항공사일수도 있고 항공사가 다를수도 있습니다.
즉 완전히 다른 비행기로 갈아타므로 당연히 티겟도 2장이 있어야 하고 항공편명도 틀립니다.

단기체류 (Stopover)

환승공항에서 대기하는 시간에 따라 Stopover 그리고 Layover로 나누어 지는데

- Stopover (스탑오버): 24시간 이상 그도시에서 머무는 경우는 체류
- Layover (레이오버): 도중하차 란 뜻으로 24시간 이내를 머무를 경우는 모든수하물은 목적지 항공편으로 연결되고 기내반입 가방만들고 공항에 머물거나 경우에 따라 입국심사를 거치고 공항 밖으로 잠시 나갔다 돌아 올수도 있습니다.

123
124

Chapter 04

응급사항 발생 시 (병원, 경찰서 등)

Emergent Situation

(At the Hospital, At the Police Station)

01. 관광지 혹은 거리에서 고객이 다쳤을 경우
(When injured at sightseeing section or on the street)

02. 병원 진료 시 (At the Hospital)

03. 경찰서에서 (At the Police Station)

응급사항 발생 시(병원, 경찰서 등)

Emergent Situation (At the Hospital, At the Police Station)

주요단어

- Ambulance 구급차
- Patient 환자
- Stomache 복통
- Diarrhea 설사
- Symptom 증상
- Fever 열
- Prescribe 처방하다
- Prescription 처방전
- Medicine 약
- Medical certificate 진단서
- Receipt 영수증
- Insurance 보험
- Get robbed 도난당하다
- Pickpocket 소매치기
- Fill out 작성하다
- Theft report 경찰 신고서
- Insurance company 보험회사

1. 관광지 혹은 거리에서 고객이 다쳤을 경우
(When injured at sightseeing section or on the street)

인솔자: (지나가는 행인에게) 저기요, 실례지만 구급차 좀 불러 주시겠어요?

T/C: Excuse me, could you call me an ambulance?

인솔자: (전화통화) 여보세요? 911이죠? 여기 사람이 다쳐서 쓰러졌습니다. 구급차 좀 불러 주시겠습니까?

T/C: (on the phone) Hello? Is there 911? We have a emergency patient.

소방서: (전화통화) 알겠습니다. 위치가 어떻게 되죠?

Officer: (on the phone) I see. Where is it?

인솔자: (전화통화) 현재 여기 위치가 스탠리 공원 안에 있는 스타벅스 왼편에 있는 의자입니다.

T/C: We are sitting on the left side of Starbucks in Stanely park .

소방서: (전화통화) 구급차를 보내드리겠습니다. 환자를 안전한 곳으로 옮겨주시고 상황을 잘 살펴 주세요.

Officer: We will send an ambulance. You should carry the patient for safer place, then take care of him.

구급대원: 어떻게 된 일이죠?

Officer: What seems to be the problem?

인솔자: 길을 걷다가 넘어져서 머리를 다쳤습니다.

T/C: He fell and hurt his head while he was walking.

인솔자: 길을 걷다가 갑자기 배가 아프다며 쓰러졌습니다.

T/C: He fell and had a pain in his stomach while he was walking.

인솔자: 길을 걷다가 갑자기 가슴에 통증을 느끼며 쓰러졌습니다.

T/C: He fell and had a pain in his chest while he was walking.

인솔자: 길을 걷다가 발을 헛디뎌서 발목에 통증을 느끼고 있습니다.

T/C: He fell and had a pain in his ankle while he was walking.

인솔자: 길을 걷다가 갑자기 발작을 일으키며 쓰러졌습니다.

T/C: He fell and had a seizure while he was walking.

2. 병원 진료 시 (At the Hospital)

접수대: 어디가 아파서 오셨죠?
Clerk: What seems to be the problem?

인솔자: 이분이 배가 아프고 설사를 해서 왔습니다.
T/C: He has stomachaches and diarrhea.

접수대: 잠시만 기다려 주세요. Mr 이은민, 진료실로 들어오세요.
Clerk: Just a moment please. Mr Lee! Could you come into the doctor's office?

의 사: 어디가 아파서 오셨죠?
Doctor: What seems to be the problem?

인솔자: 이분이 어제 밤부터 배가 아프고 설사를 한다고 해서 왔습니다.
T/C: He has had stomachaches and diarrhea since last night.

의 사: 혹시 다른 증상은 없나요?
Doctor: Any other symptom?

인솔자: 미열이 있다고 합니다.
T/C: He has a fever.

인솔자: 메스꺼움이 있다고 합니다.
T/C: He feels nauseous.

인솔자: 구토를 했습니다.

T/C: He threw up.

인솔자: 어지럽다고 합니다.

T/C: He feels dizzy.

인솔자: 가슴이 답답하다고 합니다.

T/C: He has a chest pain.

인솔자: 오한이 있다고 합니다.

T/C: He gets the chills.

인솔자: 뼈마디가(몸이) 쑤신다고 합니다.

T/C: He has a sore bone. (body)

의 사: 약을 처방해 드리겠습니다.

Doctor: I'll prescribe you some medicine.

접수대: Mr 이은민, 처방전 받으시고 결제 부탁드립니다. 결제는 카드로 하시겠습니까?
현금으로 하시겠습니까?

Clerk: Here is your prescription. How would you like to pay? By credit card? or cash?

인솔자: 카드로 하겠습니다. 그리고 여행자보험처리를 위하여 진단서와 진료비영수증 발급을 부탁드립니다.

T/C: I will pay by credit card. By the way, I want to get a medical certificate and a receipt for the insurance.

3. 경찰서에서 (At the Police Station)

경찰관: 무엇을 도와드릴까요?

Officer: How can I help you?

인솔자: 이분께서 여권이 든 지갑을 소매치기 당했습니다.

T/C: I was robbed of my passport and wallet by a pickpocket.

인솔자: 카메라를 도난당했습니다.

T/C: My camera was just stolen.

경찰관: 언제, 어디서 소매기치(도난)를 당했습니까?

Officer: When, or Where did you get pick pocketed(robbed)?

인솔자: 한 시간 전, 루브르 박물관 매표소 앞에서 소매치기(도난)를 당했습니다.

T/C: I got robbed at the ticket office of Louvre museum 1 hour ago.

경찰관: 피해 물품과 금액이 어떻게 되나요?

Officer: What is the extent of your damage?

인솔자: 현금 $100과 신용카드, 루이비통 지갑 1개 그리고 여권입니다. 여행자 보험처리를 위해서 경찰 신고서를 작성해 주시겠습니까?

T/C: Let me see. I got robbed $100 bills, one Louis Vuitton wallet and one passport.
Could you fill out the theft report to insurance company?

경찰관: 네, 알겠습니다.

Officer: Okay. I've got it.

아플 때 증상표현 Tip

- I feel nauseous 메스꺼워요
- I threw up 토했어요
- I feel dizzy 어지러워요
- I have a chest pain 가슴이 아파요
- I have back pain 허리가 아파요
- I sprained my ankle 발목 삐었어요
- I have a fever 열이 있어요
- I get the chills 오한이 있어요
- I have a terrible headache 심한 두통이 있어요
- I have a stomachache 배가 아파요
- I have a sore bone (body) 뼈마디가 쑤셔요

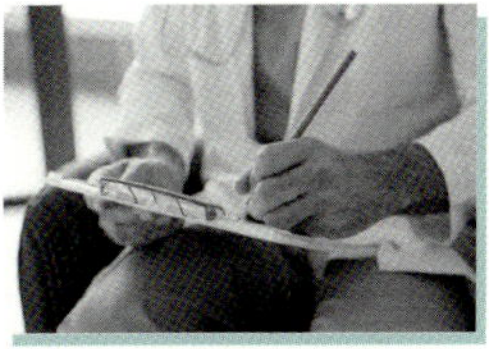

해외여행
인솔자 외국어

Part 02
일본어
日本語

Chapter 01_ 출국 업무

Chapter 02_ 현지 업무

Chapter 03_ 귀국 업무

Chapter 04_ 응급사항 발생: 병원, 경찰서 등

Chapter 01

출국 업무

(出国業務)

しゅっこくぎょう む

01. 기내

- 기내탑승
- 기내식

02. 입국심사

- 입국심사
- 수화물 수취대
- 세관심사

1. 기내 (機内)

기내탑승 (機内搭乗)

승무원: 환영합니다. 탑승권을 보여주시겠습니까?

ようこそいらっしゃいました。搭乗券を見せていただけますか。

요-코소 이랏샤이마시따. 토-죠껭오 미세떼이따다케마스까.

탑승객: (탑승권을 보여주며) 제 좌석은 어디인가요?

(搭乗券を見せながら)私の座席はどこですか。

(토-죠껭오 미세나가라) 와따시노 자세끼와 도꼬데스까.

승무원: 네, 고객님 자리는 B30번 자리로 중간쯤 가시면 복도 쪽에 있습니다.

はい、お客様のお座席はB30番なので、中ほどに行かれまして通路側になります。

하이, 오캬쿠사마노 오자세끼와 B산쥬반나노데, 나까호도니 이카레마시떼 쯔로가와니나리마스.

탑승객: 실례합니다. 잠시만 지나가겠습니다.

失礼します。ちょっと通ります。

시쯔레-시마스. 춋또토오리마스.

탑승객: 승무원님, 저쪽 자리가 빈 좌석 같은데 저쪽으로 자리를 옮겨도 되나요?

乗務員さん、あちらの座席が空いているようですが、あちらに席を移してもいいですか。

죠—무잉상, 아찌라노자세끼가아이떼이루요—데스가, 아찌라니세끼오우츠떼모이—데스까.

승무원: 확인해서 알려드리겠습니다.

確認してお知らせいたします。

카쿠닌시떼오시라세이타시마스.

탑승객: 실례합니다. 담요 좀 갖다 주시겠습니까?

失礼します。毛布をちょっと持ってきていただけませんか。

시쯔레—시마스. 모—후오춋또못떼키떼이따다케마센까.

승무원: 네, 담요 가져다 드리겠습니다. 잠시만 기다려주세요.

はい、毛布をお持ちいたします。少々お待ちください。

하이, 모—후오오모찌이타시마스. 쇼—쇼오마찌구다사이.

인솔자: 실례합니다. 여기 A56번 고객에게 담요 좀 갖다 주시겠습니까?

失礼します。ここA56番のお客様に毛布を持ってきていただけますか。

시쯔레—시마스. 코꼬A고쥬로쿠반노오캬쿠사마니모—후오못떼키떼이따다케마스까.

승무원: 네, A56번 고객에게 담요 가져다 드리겠습니다. 잠시만 기다려 주세요.

はい、A56番のお客様に毛布をお持ちいたします。少々お待ちください。

하이, A고쥬로쿠반노오캬쿠사마니모-후오오모찌이타시마스. 쇼-쇼-오마찌구다사이.

탑승객: 실례합니다. 제가 머리가 아파서 그런데 혹시 두통약 있습니까?

失礼します。頭が痛いのですが、ひょっとして頭痛薬ありますか。

시쯔레-시마스. 아따마가 이따이노데스가, 홋또시떼 즈쯔-야쿠아리마스까.

승무원: 네, 두통약 가져다 드리겠습니다. 잠시만 기다려 주세요.

はい、頭痛薬をお持ちいたします。少々お待ちください。

하이, 즈쯔-야쿠오오모찌이따시마스. 쇼-쇼-오마찌구다사이.

인솔자: 승무원님. 출입국 신고서와 세관신고서를 주시겠습니까?

乗務員さん、出入国申告書と税關申告書をくださいますか。

죠무-잉상, 슈쯔뉴-코쿠신코쿠쇼또제이깡신코쿠쇼오구다사이마스까.

인솔자: 실례지만, 출입국 신고서와 세관신고서 20장을 저에게 주시겠습니까?

失礼(しつれい)ですが、出入国申告書(しゅつにゅうこくしんこくしょ)と税關申告書(ぜいかんしんこくしょ)20枚(まい)を私(わたし)にくださいませんか。

시쯔레-데스가, 슈쯔뉴-코쿠신코쿠쇼또제이깡신코쿠쇼니쥬마이오와따시니구다사이마센까.

승무원: 네, 고객님 출입국 신고서와 세관신고서를 가져다 드리겠습니다.

はい、お客様(きゃくさま) 出入国申告書(しゅつにゅうこくしんこくしょ)と税關申告書(ぜいかんしんこくしょ)をお持(も)ちいたします。

하이, 오캬쿠사마 슈쯔뉴-코쿠신코쿠쇼또제이깡신코쿠쇼오오모찌이따시마스.

탑승객: 승무원님, 콜라(맥주, 땅콩, 과자) 좀 주세요.

乗務員(じょうむいん)さん。コーラ(ビール、ピーナッツ、お菓子(かし))をちょっとください。

죠무-잉상, 코-라(비-루, 피-나츠, 오카시)오춋또구다사이.

승무원: 네, 콜라(맥주, 땅콩, 과자)를 가져다 드리겠습니다.

はい、コーラ(ビール、ピーナッツ、お菓子(かし))をお持(も)ちいたします。

하이, 코-라(비-루, 피-나츠, 오카시)오오모찌이타시마스.

탑승객: 승무원님. 앞으로 목적지까지 도착하는데 시간이 얼마나 걸리죠?

乗務員さん。これから目的地まで到着するのに時間がどれくらいかかりますか。

죠-무잉상. 고레까라모쿠데끼찌마데토-챠쿠스루노니지깐가도레구라이카카리마스까.

승무원: 네, 고객님 목적지까지 도착 시간은 약 5시간 30분 남았습니다.

はい、お客様、目的地までの到着時間は後、約5時間30分です。

하이, 오캬쿠사마, 모쿠데끼찌마데노토-챠쿠지깐와아또, 야쿠고지깐산쥬뿐데스.

비행기 안

주요단어

- 出国(しゅっこく) 출국
- 持(も)つ 가지다, 들다
- 行(い)く 가다
- 機内(きない) 기내
- いただく: もらう의 공손한 표현
- 側(かわ) 측
- 乗務員(じょうむいん) 승무원
- 待(ま)つ 기다리다
- ちょっと 좀
- 見(み)せる 보이다
- ここ 여기
- あちら 저쪽
- 私(わたし) 나
- 痛(いた)い 아프다
- 移(うつ)す 옮기다, 바꾸다
- どこ 어디
- 頭痛薬(ずつうやく) 두통약
- お知(し)らせ 알림
- ほど 정도
- 業務(ぎょうむ) 업무
- くる 오다
- 通路(つうろ) 통로
- 搭乗(とうじょう) 탑승
- 少々(しょうしょう) 잠시, 조금
- 失礼(しつれい) 실례
- 搭乗券(とうじょうけん) 탑승권
- くださる: くれる의 높임말
- 通(とお)る 통하다, 지나가다
- ながら ~하면서
- 頭(あたま) 머리
- 空(あ)く 비다
- 座席(ざせき) 좌석
- ひょっとして 혹시, 만일
- 確認(かくにん) 확인
- お客様(きゃくさま) 손님
- 番(ばん) ~번
- 出入国申告書(しゅつにゅうこくしんこくしょ) 출입국신고서
- 税関申告書(ぜいかんしんこくしょ) 세관신고서
- いたす: する의 겸양어
- ビール 맥주
- お菓子(かし) 과자
- コーラ 콜라
- ピーナッツ 땅콩
- 中(なか) 안

- 毛布(もうふ) 담요
- これから 이제부터, 앞으로
- まで ~까지
- 時間(じかん) 시간
- くらい 정도, 만큼
- 後(あと) 아직, 앞으로
- 分(ぶん, ぷん) 분
- 枚(まい) ~장
- 目的地(もくてきち) 목적지
- 到着(とうちゃく) 도착
- どれ 어느, 어떤
- かかる 걸리다
- 約(やく) 약

기내식 (機内食)

인솔자: 승무원님, 저기 A30번 고객님께서는 출발 전 차일드 밀을 예약했습니다. 확인 부탁드립니다.

乗務員さん、あそこのA30番のお客様は出発前にチャイルドミールを予約しました。ご確認お願いいたします。

죠-무잉상, 아소코노A산쥬반노오캬쿠사마와슛빠쯔마에니차이루도미-루오요야쿠시마시따. 고카쿠닌오네가이이따시마스.

승무원: 네, 고객님 확인해드리겠습니다. (잠시 후) 확인해본 결과 차일드밀이 신청되어 있습니다.

はい、お客様、ご確認させていただきます。(しばらく後)確認してみた結果、チャイルドミールが申請されています。

하이, 오캬쿠사마, 고카쿠닌사데떼이따다키마스. (시바라쿠아또)카쿠닌시떼미따케까, 차이루도미-루가신세-사레떼이마스.

승무원: A30번 고객님의 차일드 밀 신청을 확인해 본 결과 신청이 되어있지 않습니다.

A30番のお客様のチャイルドミールの申請を確認してみた結果、申請されていません。

A산쥬반노오캬쿠사마노차이루도미-루노신세-오카쿠닌시떼미따켓까, 신세-사레떼이마센.

인솔자: 그래요? 그럼 다른 방법이 없을까요? 남는 차일드 밀이 있으면 제공을 부탁드립니다.

そうですか。それでは他(ほか)の方法(ほうほう)がないでしょうか。残(のこ)っているチャイルドミールがあれば提供(ていきょう)してください。

소–데스까. 소레데와호까노호–호–가나이데쇼–까. 노콧떼이루차이루도미–루가아레바테–쿄–시떼구다사이.

승무원: 네, 확인해보겠습니다.

はい、確認(かくにん)してみます。

하이, 카쿠닌시떼미마스.

승무원: 소고기와 오믈렛(생선, 닭고기)이 있습니다. 어떤 것으로 하시겠습니까?

牛肉(ぎゅうにく)とオムレツ(魚(さかな)、鶏肉(とりにく))があります。何(なに)になさいますか。

규–니꾸또오무레츠(사까나, 토리니쿠)가아리마스. 나니니나사이마스까.

탑승객: 저는 오믈렛으로 주세요.

オムレツをください。

오무레츠오구다사이.

승무원: 음료는 콜라, 사이다, 맥주, 와인, 커피가 있습니다. 어떤 것으로 하시겠습니까?

飲(の)み物(もの)はコーラ、サイダー、ビール、ワイン、コーヒーがあります。何(なに)になさいますか。

노미모노와코–라, 사이다–, 비–루, 와인, 코–히–가아리마스. 나니니나사이마스까.

탑승객: 맥주로 주세요.

ビールをください。

비-루오구다사이.

기내식

주요단어

- 機内食(きないしょく) 기내식
- あそこ 저기, 저쪽
- 鶏肉(とりにく) 닭고기
- ほか 다른, 외
- 前(まえ) 이전, 앞
- 飲(の)み物(もの) 음료
- 残(のこ)る 남다
- 予約(よやく) 예약
- ワイン 와인
- 牛肉(ぎゅうにく) 소고기
- しばらく後(あと) 잠시후
- 結果(けっか) 결과
- 申請(しんせい) 신청
- それでは 그럼, 그러면
- 出発(しゅっぱつ) 출발
- 何(なに) 무엇
- 方法(ほうほう) 방법
- チャイルドミール 차일드밀
- サイダー 사이다
- 提供(ていきょう) 제공
- お願(ねが)い 부탁
- コーヒー 커피
- オムレツ 오믈렛
- 魚(さかな) 생선

2. 입국심사 (C.I.Q/入国審査(にゅうこくしんさ))

입국심사 (入国審査(にゅうこくしんさ))

심사관: 여권을 보여주세요. 어디에서 오셨습니까?

パスポートを見(み)せてください。どこから来(き)ましたか。

파스포-또오미세떼구다사이. 도꼬까라키마시타까.

관광객: 한국에서 왔습니다.

韓国(かんこく)から来(き)ました。

캉꼬꾸까라키마시따.

심사관: 방문 목적이 무엇입니까?

訪問(ほうもん)の目的(もくてき)は何(なん)ですか。

호-몬노모쿠떼끼와난데스까.

관광객: 관광(친지방문, 출장 등) 목적으로 왔습니다.

観光(かんこう)(知人訪問(ちじんほうもん)、出張(しゅっちょう)など)の目的(もくてき)で来(き)ました。

캉꼬-(치징호-몬, 슛쬬나도)노모쿠떼끼데키마시따.

심사관: 일행이 있습니까?

同行者(どうこうしゃ)がいますか。

도-코-샤가이마스까.

관광객: 네, 저는 여행인솔자이고 저희 일행은 총 15명입니다.

はい、私は旅行引率者で私たちの一行は全部15人です。

하이, 와따시와료꼬-인소쯔샤데와따시다찌노이꼬-와젠부-쥬고닌데스.

심사관: 얼마 동안 체류할 예정이시죠?

どのくらい滞在する予定ですか。

도노쿠라이타-자-스루요데-데스까.

관광객: 3박 4일간 체류 할 것입니다.

3泊4日間滞在するつもりです。

산바꾸요까칸타-자-스루쯔모리데스.

심사관: 여기서 머무르는 숙박 장소는 어디죠?

ここで泊る宿泊場所はどこですか。

고꼬데토마루슈쿠하쿠바쇼와도꼬데스까.

관광객: 시내에 있는 하얏트 호텔입니다.

市内にあるハイアットホテルです。

시나이니아루하이얏또호테루데스.

심사관: 귀국 항공권을 가지고 계십니까?

帰りの航空チケットをお持ちですか。

카에리노코-쿠-찌케또오오모찌데스까.

관광객: 네. 돌아가는 비행기티켓은 10월 15일 오후 21시 35분 OZ항공 317편입니다.

はい、帰(かえ)りの飛行機(ひこうき)チケットは10月(がつ)15日(にち)午後(ごご)21時(じ)35分(ふん)アシアナ航空(こうくう)317便(びん)です。

하이, 카에리노히코-키찌케또와쥬가쯔쥬고니찌고고니쥬이찌지산쥬고훈아시아나코-쿠-산이찌나나빙데스.

주요단어

- 入国審査(にゅうこくしんさ) 입국심사
- パスポート 여권
- 韓国(かんこく) 한국
- 訪問(ほうもん) 방문
- 観光(かんこう) 관광
- 知人(ちじん) 지인
- 出張(しゅっちょう) 출장
- など ~등
- 同行者(どうこうしゃ) 동행자
- 旅行(りょこう) 여행
- 引率者(いんそつしゃ) 인솔자
- たち ~들
- 一行(いっこう) 일행
- 全部(ぜんぶ) 전부, 모두
- どの 어느
- 滞在(たいざい) 체류
- 予定(よてい) 예정
- 泊(ぱく) ~박
- 4日(よっか) 4일
- つもり 작정, 예정
- 泊(とま)る 묵다, 숙박하다
- 宿泊(しゅくはく) 숙박
- 場所(ばしょ) 장소
- 市内(しない) 시내
- ハイアットホテル 하얏트호텔
- 帰(かえ)り 돌아감, 돌아옴
- 航空(こうくう) 항공
- チケット 티켓
- 飛行機(ひこうき) 비행기
- 午後(ごご) 오후
- アシアナ 아시아나
- 便(びん) 편

수화물 수취대 (手荷物受取台)

관광객: 제 짐을 어디에서 찾아야 합니까?

私の荷物はどこで探せばいいですか。

와따시노니모쯔와도꼬데사가세바이-데스까.

직 원: 타고오신 비행편명이 어떻게 되시죠?

乗って来られた飛行便はどれですか。

놋떼코라레따히꼬-빙와도레데스까.

관광객: OZ371편입니다.

アシアナ371便です。

아시아나산나나이찌빙데스.

직 원: (전광판을 확인하며) 수화물 수취대는 5번입니다. 계단을 내려가서 오른쪽에 있습니다.

(電光掲示板を確認しながら)手物受取台は5番です。階段を下りて右側にあります。

(덴꼬-케-지반오카쿠닌시나가라)데니모쯔우케토리다이와고반데스. 카-당오오리떼미기가와니아리마스.

관광객: 제 짐을 찾을 수가 없습니다. 분실신고 센터가 어디에 있나요?

私の荷物が見つかりません。紛失申告センターはどこにありますか。

와따시노니모쯔가미쯔까리마센. 훈시쯔싱꼬쿠센타-와도꼬니아리마스까.

직 원: 오른쪽 끝에 위치해 있습니다. 그쪽으로 가시면 됩니다.

右側の端に位置しています。そちらに行かればよろしいです。

미기가와노하시니이찌시떼이마스. 소찌라니이카레바요로시—데스.

관광객: 제 짐이 나오지 않았습니다.

私の荷物が出てきませんでした。

와따시노니모쯔가데떼키마센데시따.

직 원: 짐표(수화물 표)를 보여주시겠습니까?

荷物札(手荷物札)を見せていただけますか。

니모쯔후다(테니모쯔후다)오미세떼이따다케마스까.

직 원: 가방 색깔이 어떻고 가방의 크기는 어떻게 되나요?

カバンの色がどうで、カバンの大きさはどうですか。

카방노이로가도—데, 카방노오—키사와도—데스까.

관광객: 가방의 색깔은 검정색 하드케이스이며, 크기는 25인치입니다.

かばんの色は黒のハードケースで、大きさは25インチです。

카방노이로와쿠로노하—도케—스데, 오—키사와니쥬고인찌데스.

직 원: 확인해서 연락드리겠습니다. 연락 가능한 연락처를 알려주시겠습니까?

確認して連絡いたします。連絡可能な連絡先を教えていただけますか。

카쿠닌시떼렌라쿠이타시마스. 렌라쿠카노우나렌라쿠사끼오오시에떼이따다케마스까.

관광객: 제 가방이 파손이 되었습니다. 어떻게 해야 하나요?

私のかばんが破損されました。どうしたらいいですか。

와따시노가방가하손사레마시따. 도-시따라이-데스까.

직 원: 왼쪽 KATE항공사 카운터로 가셔서 말씀 하시면 됩니다.

左のKATE航空会社のカウンターに行って話されたら良いです。

히다리노KATE고-쿠-가-샤노카운타-니잇떼하나사레따라요이-데스.

관광객: 제 가방이 파손이 되었습니다.

私のかばんが破損されました。

와따시노카방가하손사레마시따.

직 원: 네 알겠습니다. 조치해드리도록 하겠습니다.

はい、かしこまりました。措置を取るようにいたします。

하이. 가시코마리마시따. 소찌오토루요-니이타시마스.

주요단어

- 手荷物(てにもつ) 수하물
- 荷物(にもつ) 짐
- 乗(の)る 타다
- 措置(そち) 조치
- 下(お)りる 내려가다, 내리다
- 取(と)る 취하다
- 申告(しんこく)センター 신고센터
- 位置(いち) 위치
- 出(で)る 나가다, 나오다
- 手荷物札(てにもつふだ) 수화물표
- 色(いろ) 색
- 黒(くろ)い 검다
- インチ 인치
- 可能(かのう) 가능
- 教(おし)える 가르치다
- 見(み)つかる 찾다, 발견되다
- 航空社(こうくうしゃ) 항공사
- カウンター 카운터
- どうしたら 어떻게 하면
- 探(さが)す 찾다
- 飛行便(ひこうびん) 비행편
- 階段(かいだん) 계단
- 右側(みぎがわ) 오른쪽
- 紛失(ふんしつ) 분실
- 端(はし) 끝, 선단
- そちら 그쪽, 그곳
- 荷物札(にもつふだ) 짐표
- カバン 가방
- 大(おお)きさ 크기
- ハードケース 하드케이스
- 連絡(れんらく) 연락
- 連絡先(れんらくさき) 연락처
- 破損(はそん) 파손
- 左(ひだり) 왼쪽
- 話(はな)す 이야기하다, 말하다
- 受取台(うけとりだい) 수취대
- 電光掲示板(でんこうけいじばん) 전광판
- 良(よ)い 좋다

출국장

세관심사 (税関審査(ぜいかんしんさ))

심사관: 세관 신고 할 물품이 있습니까?

税關申告(ぜいかんしんこく)する物(もの)がありますか。

제-깐신코쿠스루모노가아리마스까.

관광객: 아니요. 없습니다.

いいえ、ありません。

이-에. 아리마셍.

심사관: 녹색통로 쪽으로 나가시면 됩니다.

緑(みどり)の通路側(つうろがわ)に出(で)ていただければよろしいです。

미도리노쯔-로가와니데떼이따다케레바요로시-데스.

심사관: 세관 신고 할 물품이 있습니까?

税關申告(ぜいかんしんこく)する物(もの)がありますか。

제-깐신꼬쿠스루모노가아리마스까.

관광객: 네. 있습니다.

はい、あります。

하이. 아리마스.

심사관: 빨간색통로 쪽으로 나가시면 됩니다.

赤(あか)い通路側(つうろがわ)に出(で)ていただければよろしいです。

아까이쯔-로가와니데떼이따다케레바요로시-데스.

심사관: 가방을 좀 열어보시겠습니까? 이 물건은 무엇인가요?

かばんをちょっと開けてみていただけますか。この品物は何ですか。

카방오춋또아케떼미떼이따다케마스까. 코노시나모노와난데스까.

관광객: 이 물건은 (김치, 라면, 홍삼, 소주)입니다. (또는 현지에 있는 친구 선물입니다.)

この品物は(キムチ、ラーメン、高麗人参、焼酎)です。(または現地にいる友達へのプレゼントです。)

코노시나모노와(키무찌, 라–멘, 코–라–닌징, 쇼–쮸–)데스.(마따와겐찌니이루토모다찌에노프레젠또데스.)

심사관: 이 물건은 당국에 입국 금지된 물품입니다. 압수하겠습니다.

この品物は当国に入国禁止された品物です。押収いたします。

코노시나모노와토–코쿠니뉴–코쿠킹시사레따시나모노데스. 오–슈–이따시마스.

주요단어

- 税関(ぜいかん) 세관
- 押収(おうしゅう) 압수
- 赤(あか)い 빨간색
- 品物(しなもの) 물건
- ラーメン 라면
- 焼酎(しょうちゅう) 소주
- 現地(げんち) 현지
- プレゼント 선물
- 審査(しんさ) 심사
- 緑(みどり) 녹색
- 開(あ)ける 열다
- キムチ 김치
- 禁止(きんし) 금지
- また 또, 다시
- 友達(ともだち) 친구
- 当国(とうこく) 당국
- 税関申告書(ぜいかんしんこくしょ) 세관신고서
- 高麗人参(こうらいにんじん) 고려인삼
- よろしい 좋다, 적절하다 (よい의 격식차린 말)

Chapter 02

현지 업무

(現地業務)

01. 호텔

- 호텔 체크인
- 객실
- 레스토랑
- 객실 키를 잃어버렸을 때

02. 이동(기차, 버스, 배편 등)

- 기차
- 버스 이용 시
- 배편

03. 관광지

- 매표소
- 관광지 안내

04. 식당

05. 쇼핑센터

1. 호텔 (ホテル)

호텔 체크인 (ホテル チェックイン)

인솔자: 안녕하세요. 호텔 체크인 부탁드립니다.

こんにちは。ホテルのチェックインお願(ねが)いします。

곤니찌와. 호테루노체쿠인오네가이시마스.

프론트: 안녕하세요. 고객님 호텔 바우처와 여권을 주시겠습니까?

こんにちは。お客様(きゃくさま)、ホテルバウチャーとパスポートをいただけますか。

곤니찌와. 오캬쿠사마. 호테루바우챠또파스포–또오이따다케마스까.

인솔자: 네. 바우처는 여기 있고요, 여권은 총 16개 여기 있습니다. 객실은 싱글1방, 트윈7방, 트리플1방으로 예약했습니다.

はい、バウチャーはここにあり、パスポートは全部(ぜんぶ)で16人分(にんぶん)です。客室(きゃくしつ)はシングル1部屋(へや)、ツイン7部屋(へや)、トリプル1部屋(へや)で予約(よやく)しました。

하이. 하우챠–와고코니아리. 파스포–또와젠부데쥬로쿠닌분데스. 캬쿠시쯔와싱구르히또헤야. 쯔인나나헤야. 토리프루히또헤야데요야쿠시마시따.

프론트: 네, 확인하겠습니다.

はい、確認いたします。

하이, 카쿠닌이따시마스.

인솔자: 그리고 객실 배정은 바로 옆방으로 붙여주시고요, 전망이 좋은 객실로 배정을 부탁드립니다.

そして客室の割り当てはすぐ隣の部屋に貼ってください、見晴らしが良い客室に配分をお願いします。

소시떼캬쿠시쯔노와리아떼와스구토나리노헤야니하떼구다사이.미하라시가요—캬쿠시쯔니하—분오네가이시마스.

프론트: 네, 확인해드리겠습니다. (잠시 후) 객실 예약 확인 되었습니다. 객실 키를 드리겠습니다.

총 객실은 9개이고 싱글 방 1개, 트윈 방 7개, 트리플 방 1개입니다.

はい、確認いたします。(しばらく後)客室の予約が確認されました。ルームキーをさしあげます。客室は全部で9つです。シングルの部屋1つ、ツインの部屋7つ、トリプルの部屋1つです。

하이, 카쿠닌이따시마스. (시바라쿠아또)캬쿠시쯔노요야쿠가카쿠닌사레마시따. 루—무키—오사시아게마스. 캬쿠시쯔와젠부데코꼬노쯔데스. 싱구루노헤야히또쯔, 쯔인노헤야나나쯔, 토리프루노헤야히또쯔데스.

인솔자: 룸 리스트 복사를 부탁드립니다.

ルームリストのコピーをお願いします。

루-무리스토노코피-오오네가이시마스.

프론트: 몇 장 해드릴까요?

何枚しましょうか。

난마이시마쇼-까.

인솔자: 8장 부탁드립니다. 그리고 내일 각 방에 모닝콜을 해주시면 감사하겠습니다.

8枚お願いします。そして明日各部屋にモーニングコールをしていただけると幸いです。

하찌마이오네가이시마스. 소시떼아시따카쿠헤야니모-닝구코-루오시떼이따다케루또사이와이-데스.

프론트: 모닝콜은 몇 시에 해드릴까요?

モーニングコールは何時にしましょうか。

모-닝구코-루와난지니시마쇼-까.

인솔자: 네, 오전 7시로 부탁드립니다. 그리고 아침식사 시간과 장소는 어디인가요?

はい、午前7時にお願いします。そして朝食の時間と場所はどこですか。

하이, 고젠시찌지니오네가이시마스. 소시떼 쵸-쇼쿠노지깡또바쇼와도꼬데스까.

프론트: 아침 식사 시간은 오전 07시~오전 10시까지 이며, 위치는 로비 오른쪽 페닌슐라 레스토랑입니다. 입장 시 조식 쿠폰(방 번호)을 제출하셔야 합니다.

朝食の時間は午前7時から10時までで、位置はロビーの右側のペニンシュラレストランです。入る時、朝食クーポン(部屋番号)を出さなければなりません。

쵸–쇼쿠노지깡와고젠시찌지까라쥬지마데데,이치와로비–노미기가와노페닌슈라레스토랑데스. 하이루도끼, 쵸–쇼쿠쿠–폰(헤야반고–)오다사나케레바나리마셍.

인솔자: 감사합니다.

ありがとうございます。

아리가또–고자이마스.

호텔 프론트

주요단어

- 内(ない) 안, 내부
- チェックイン 체크인
- バウチャー 거래증표, 상환권
- 客室(きゃくしつ) 객실
- シングル 싱글
- 部屋(へや) 방
- ツイン 트윈
- トリプル 트리플
- 割(わ)り当(あ)て 할당, 분담
- すぐ 곧
- 隣(となり) 이웃, 옆
- 貼(は)る 붙이다
- 見張(みは)らし 전망
- 配分(はいぶん) 배분
- そして 그리고
- ルームキー 룸키
- 全部(ぜんぶ) 전부
- ルームリスト 룸 리스트
- コピー 복사, 카피
- 何枚(なんまい) 몇장
- 明日(あした) 내일
- 各(かく) 각
- モーニングコール 모닝콜
- 幸(さいわ)いだ 다행이다
- 午前(ごぜん) 오전
- 朝食(ちょうしょく) 조식
- ロビー 로비
- クーポン 쿠폰
- 差上(さしあ)げる 들어올리다, 드리다
- ペニンシュラ レストラン 페닌슐라 레스토랑
- 入(はい)る 들다, 들어오다
- 番号(ばんごう) 번호
- 出(だ)す 내다, 내놓다

객실 (客室(きゃくしつ))

프론트: 프론트 데스크입니다. 무엇을 도와드릴까요?

フロントデスクです。どんなご用件(ようけん)でしょうか。

프론토데스쿠데스. 돈나고요-켄데쇼-까.

투숙객: 룸서비스를 시키려고 하는데요. 와인과 찹스테이크를 가져다주시겠습니까?

ルームサービスをお願(ねが)いしようと思(おも)いますが。ワインとチャプステーキを持(も)ってきていただけますか。

루-무사-비스오오네가이시요-또오모이마스가. 와인또챠프스테-키오못떼키떼이따다케마스까.

프론트: 알겠습니다. 준비해서 올려드리겠습니다. 방 번호가 어떻게 되시죠?

分(わ)かりました。準備(じゅんび)してお届(とど)けいたします。部屋(へや)番号(ばんごう)がどうなりますか。

와까리마시따. 쥰비시떼오또도께이따시마스. 헤야반고-가도-나리마스까.

투숙객: 1303호입니다.

1303号(ごう)です。

센삼뱌쿠산고데스.

프론트: 프론트 데스크입니다. 무엇을 도와드릴까요?

フロントデスクです。どんなご用件(ようけん)でしょうか。

프론토데스쿠데스. 돈나고요-켄데쇼-까.

투숙객: 수건을 가져다주시겠습니까? 그리고 뜨거운 물이 나오지 않습니다. 확인 부탁드립니다.

タオルを持(も)ってきていただけますか。そしてお湯(ゆ)が出ないです。確認(かくにん)お願(ねが)いいたします。

타오루오못떼키떼이따다케마스까. 소시떼오유가데나이데스. 카쿠닌오네가이이따시마스.

프론트: 지금 바로 하우스키퍼를 보내겠습니다.

今(いま)すぐハウスキーパーを送(おく)ります。

이마스구하우스키-파-오오쿠리마스.

하우스키핑: 고객님 무엇이 문제인지요?

お客様(きゃくさま)、何(なに)が問題(もんだい)でしょうか。

오캬쿠사마 나니가몬다이데쇼-까.

투숙객: 샤워를 하려고 하는데 욕조에 뜨거운 물이 나오지 않습니다.

シャワーをしようとしたんですが、浴槽(よくそう)にお湯(ゆ)が出ないです。

샤와-오시요-또시딴데스가. 요쿠소-니오유가데나이데스.

하수구에 물이 내려가지 않습니다. / 변기가 고장 났습니다.

下水溝(げすいこう)に水(みず)が流(なが)れません。/ 便器(べんき)が故障(こしょう)しました。

게스이코-니미즈가나가레마셍. 벵끼가코쇼-시마시따

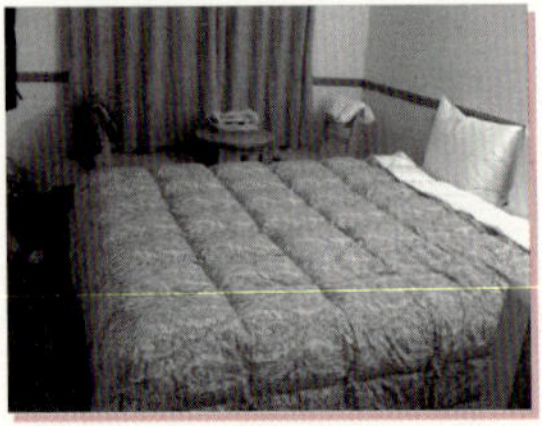

더블룸

주요단어

- 客室(きゃくしつ) 객실
- 通話(つうわ) 통화
- どんな 어떤
- ルームサービス 룸서비스
- ワイン 와인
- 分(わ)かる 알다
- 届(とど)ける 보내주다, 닿게하다
- タオル 타월
- 今(いま) 지금
- 送(おく)る 보내다
- シャワー 샤워
- 下水溝(げすいこう) 하수구
- 流(なが)れる 흐르다
- 故障(こしょう) 고장
- フロント 프론트
- デスク 데스크
- 用件(ようけん) 용건
- 思(おも)う 생각하다, 예상하다
- チャプステーキ 찹스테이크
- 準備(じゅんび) 준비
- 号(ごう) ~호
- お湯(ゆ) 더운물
- ハウスキーパー 하우스키퍼
- 問題(もんだい) 문제
- 浴槽(よくそう) 욕조
- 水(みず) 물
- 便器(べんき) 변기

레스토랑 (レストラン)

웨이터: 안녕하세요. 고객님 좋은 아침입니다. 방 번호를 알려주시겠습니까? (조식쿠폰을 주시겠습니까?)

こんにちは。お客様(きゃくさま)おはようございます。部屋番号(へやばんごう)を教(おし)えていただけますか。(朝食(ちょうしょく)クーポンをいただけますか。)

곤니찌와. 오캬쿠사마 오하요-고자이마스. 헤야반고-오오시에떼이따다케마스까. (쵸-쇼쿠쿠-폰오이따다케마스까.)

투숙객: 1303호입니다. 어디에 앉으면 되지요?

1303号(ごう)です。どこに座(すわ)ればいいですか。

센삼뱌쿠산고데스. 도꼬니스와레바이-데스까.

웨이터: 저를 따라 오시죠. 저기 보이는 창 측 테이블에 앉으시면 됩니다.

私(わたし)について来(き)てください。あそこに見(み)える窓側(まどがわ)のテーブルにお座(すわ)りいただければよろしいです。

와따시니쯔이떼키떼구다사이. 아소코니미에루마도가와노테-브루니오스와리이따다케레바요로시-데스.

투숙객: 저기요, 여기 테이블이 더럽습니다. 치워주시겠습니까?

すみません、ここのテーブルが汚(よご)れています。片付(かたづ)けてもらえますか。

스미마셍, 고꼬노테-브루가요고레떼이마스. 가따즈케떼모라에마스까.

웨이터: 네, 바로 치워드리도록 하겠습니다.

はい、すぐに片付(かたづ)けるようにいたします。

하이, 스구니가따즈케루요-니이타시마스.

레스토랑

객실 키를 잃어버렸을 때 (客室キーをなくした時)

프론트: 프론트 데스크입니다. 무엇을 도와드릴까요?

フロントデスクです。どんなご用件でしょうか。

프론토데스쿠데스. 돈나고요-켄데쇼-까.

투숙객: 제가 외부에서 객실 키를 잃어버렸습니다.

私が外で、客室の鍵をなくしました。

와따시가 소또데, 캬쿠시쯔노카기오나쿠시마시따.

프론트: 고객님 방 번호가 어떻게 되지요?

お客様の部屋番号がどうなりますか。

오캬쿠사마노헤야반고-가도-나리마스까.

투숙객: 1303호입니다.

1303号です。

센삼뱌쿠산고데스.

프론트: 이름이 무엇입니까?

お名前は何ですか。

오나마에와난데스까.

투숙객: 이은민입니다.

イウンミンです。

이은민데스.

프론트: 알겠습니다.

分かりました。

와까리마시따.

고객님 방 열쇠는 재발급이 가능하나, 열쇠를 잃어버린 것에 대하여 추가 비용이 발생이 됩니다. 결제를 바로 하시겠습니까? 아니면 체크아웃 하실 때 계산 하시겠습니까?

お客様のお部屋の鍵は、再発給が可能ですが、鍵をなくしてしまったことに対して追加費用が発生します。決済をすぐになさいますか。それともチェックアウトする時に計算なさいますか。

오캬쿠사마노오헤야노카기와, 사이핫큐-가카노-데스가, 카기오나쿠시떼시맛따코또니타이시떼쯔이까히요-가핫쎄-시마스. 켓싸이오스쿠니나사이마스까. 소레또모체쿠아우또스루또끼니케-상나사이마스까.

투숙객: 얼마죠?

いくらですか.

이꾸라데스까.

프론트: 1,000엔입니다.

1,000円です。

센엔데스.

투숙객: 체크아웃 할 때 계산하겠습니다.

チェックアウトする時に計算します。

체쿠아우또스루또끼니케-상시마스.

주요단어

- 番号(ばんごう) 번호
- 窓側(まどがわ) 창측
- 汚(よご)れる 더러워지다
- 時(とき) 때
- 鍵(かぎ) 열쇠
- 名前(なまえ) 이름
- 対(たい)する 대하다
- 発生(はっせい) 발생
- それとも 아니면, 혹은
- 計算(けいさん) 계산
- 座(すわ)る 앉다
- テーブル 테이블
- 片付(かたづ)ける 치우다, 정돈하다
- 外(そと) 밖, 외부
- なくす 없애다, 잃다
- 再発給(さいはっきゅう) 재발급
- 追加費用(ついかひよう) 추가비용
- 決済(けっさい) 결재
- チェックアウト 체크아웃

호텔 프론트

2. 이동 (기차, 버스, 배편 등 / 移動(列車、バス、船便など)

기차 (列車)

■ **매표소 (切符売り場)**

인솔자: 도쿄로 가는 표를 구매 하려고 합니다. 인원은 성인 10명, 아동 5명, 총 15명입니다.

東京行きチケットを買おうと思います。人員は大人10人、子供5人、合わせて15人です。

토-쿄유끼치케또오카요-또오모이마스. 징잉와오또나쥬-닌, 코도모고닌, 아와세떼쥬-고닌데스.

매표원: 알겠습니다. 결제는 현금입니까? 카드입니까?

分かりました。決済は現金ですか。カードですか。

와까리마시따. 켓싸이와겡낑데스까. 카-도데스까.

인솔자: 카드로 결제 하겠습니다.

カードで決済します。

카-도데켓싸이시마스.

인솔자: 이 열차는 특급열차 인가요? 아니면 급행열차 인가요?

この列車は 特急列車ですか、それとも急行列車ですか。

코노렛쌰와톳큐-렛싸데스까, 소레토모큐-꼬-렛싸데스까.

매표원: 특급열차입니다.

特急列車(とっきゅうれっしゃ)です。

톳큐–렛샤데스.

신칸센 매표소

■ 플랫폼 (プラットフォーム)

인솔자: 5번 플랫폼으로 가려면 어디로 가야 합니까?

5番(ばん)のプラットフォームに行(い)くにはどこに行(い)けばいいですか。

고반노프래토호–무니이쿠니와도꼬니이케바이–데스까.

직 원: 이 길 따라 20미터를 가시면 우측에 5번 플랫폼이 있습니다.

この道(みち)に従(したが)って20メートル行(い)くと右側(みぎがわ)に5番(ばん)ホームがあります。

코노미찌니시타갓떼, 니쥬메–토루이쿠또미기가와니고반호–무가아리마스.

신칸센 플랫폼

■ 기차 안 (列車の中)

인솔자: 저희 좌석은 어디에 있나요?

私の座席はどこにありますか。

와따시노자세끼와도꼬니아리마스까.

승무원: 저쪽 중간 자리에 있습니다.

あちらの中間位置にあります。

아찌라노츄–캉이찌니아리마스.

인솔자: 목적지 도착 예정시간은 몇 시 입니까?

目的地への到着予定時間は何時ですか。

모쿠테끼에노토–챠쿠요떼–지깡와난지데스까.

승무원: 도착 예정시간은 약 2시간 후인 오후 8시 35분입니다.

到着予定時間は約2時間後の午後8時35分です。

토–챠쿠요–떼–지깡와야쿠니지깡고노고고하찌지산쥬–고훈데스.

신칸센 내부

버스 이용 시 (バス利用時)

■ 매표소 (切符売り場)

인솔자: 오사카로 가는 표를 구매 하려고 합니다. 인원은 성인 10명, 아동 5명, 총 15명입니다.

大阪行きチケットを買おうと思います。人員は大人10人、子供5人、合わせて15人です。

오–사카유끼치케또오가요–또오모이마스. 징잉와오또나쥬–닌, 코도모고닌, 아와세떼고닌데스.

매표원: 알겠습니다. 결제는 현금입니까? 카드 입니까?

分かりました。決済は現金ですか、カードですか。

와까리마시따. 켓싸이와겡낑데스까, 카–도데스까.

인솔자: 카드로 결제 하겠습니다.

カードで決済します。

카–도데켓싸이시마스.

버스 승강장

인솔자: 이 버스는 관광버스인가요? 아니면 시내버스인가요?

このバスは観光(かんこう)でバスですか、それとも市内(しない)バスですか。

코노바스와캉꼬-바스데스까, 소레또모시나이바스데스까.

매표원: 이 버스는 관광버스입니다.

このバスは観光(かんこう)バスです。

코노바스와캉꼬바스데스.

■ 버스 안 (バスの中(なか))

인솔자: 저희 좌석은 어디에 있나요?

私(わたし)たちの座席(ざせき)はどこにありますか。

와따시타찌노자세끼와도꼬니아리마스까.

운전수: 고객님 저쪽 중간 자리에 있습니다.

お客様(きゃくさま)、あちらの中間位置(ちゅうかんいち)にあります。

오캬쿠사마, 아찌라노츄-깡이찌니아리마스.

인솔자: 목적지까지 도착 예정시간은 언제인가요?

目的地(もくてきち)までの到着予定時間(とうちゃくよていじかん)は何時(なんじ)ですか。

모쿠테끼찌마데노토-차쿠요떼-지깡와난지데스까.

운전수: 도착 예정시간은 약 2시간 후인 오후 8시 35분입니다.

到着予定時間(とうちゃくよていじかん)は約(やく)2時間後(じかんご)の午後(ごご)8時(じ)35分(ふん)です。

토챠쿠요떼-지깡와야쿠니지깡고노고고하찌지산쥬-고훈데스.

버스 내부

배편 (船便)

■ 매표소 (切符売り場)

인솔자: 쯔시마로 가는 표를 구매 하려고 합니다. 인원은 성인 10명, 아동 5명, 총 15명입니다.

対島行きのチケットを購入しようと思います。人員は大人10人、子供5人、合わせて15人です。

쯔시마유끼노치케또오코–뉴–시요–또오모이마스. 징잉와오또나쥬닌, 코도모고닌, 아와세데 쥬–고닌데스.

매표원: 알겠습니다. 결제는 현금입니까? 카드 입니까?

分かりました。決済は現金ですか。カードですか。

와까리마시따. 켓싸이와겡낑데스까, 카–도데스까.

인솔자: 현금으로 결제 하겠습니다.

現金で決済します。

겡낑데켓싸이시마스.

■ 배 안 (船の中)

인솔자: 저희 좌석은 어디에 있나요?

私たちの座席はどこにありますか。

와따시타찌노자세끼와도꼬니아리마스까.

승무원: 고객님 저쪽 중간 자리에 있습니다.

お客様、あちらの中間位置にあります。

오캬쿠사마, 아찌라노츄–깡이찌니아리마스.

인솔자: 목적지까지 도착 예정시간은 언제인가요?

目的地までの到着予定時間は何時ですか

모쿠테끼찌마데노토–차쿠요떼–지깡와난지데스까.

승무원: 도착 예정시간은 약 2시간 후인 오후 8시 35분입니다.

到着予定時間は約2時間後の午後8時35分です。

토–차쿠요떼–지깡와야쿠니지깡고노고고하찌지산쥬–고훈데스.

인솔자: 화장실은 어디에 있나요? 구명조끼는 어디에 있나요?

トイレはどこにありますか。救命胴衣はどこにありますか。

토이레와도꼬니아리마스까. 큐–메–도–이와도꼬니아리마스까.

주요단어

- 移動(いどう) 이동
- バス 버스
- 利用(りよう) 이용
- パリ 파리
- 人員(じんいん) 인원
- 子供(こども) 어린이
- カード 카드
- 道(みち) 길
- メートル 미터
- 中間(ちゅうかん) 중간
- 購入(こうにゅう) 구입
- 電車(でんしゃ) 전차
- 船便(ふなびん) 배편
- 切符(きっぷ)売(う)り場(ば) 매표소
- 買(か)う 사다
- 大人(おとな) 어른
- 現金(げんきん) 현금
- プラットフォーム 플랫폼
- 従(したが)う 따르다, 쫓다
- ホーム 홈
- 対馬(つしま) 대마도
- トイレ 화장실
- 直行(ちょっこう)列車(れっしゃ) 직행열차
- 各駅停車列車(かくえきていしゃれっしゃ) 완행열차
- 救命胴衣(きゅうめいどうい) 구명조끼

일본의 외국인용 JR PASS

재팬 레일 패스(일본어: ジャパンレールパス, Japan Rail Pass)는 JR에서 일본을 여행하는 외국인을 대상으로 판매하는 철도 승차권이다. 정해진 기간 내에 JR에서 운영하는 열차 · 버스 · 페리를 무제한 이용할 수 있다. JR 패스라고도 한다. 재팬 레일 패스는 등급에 따라 그린샤(특실)용과 보통차용의 2가지가 있으며 6~11세의 어린이는 50% 할인된 어린이용 패스를 이용할 수 있다. 그리고 이용 기간에 따라 7일용, 14일용, 21일용이 있으며, 이 기간은 연속적인 것이다. 현지 통화로의 가격, 실세 환율 및 교환권 발행일은 교환권 권면에 기재되어 있다.

3. 관광지 (観光地)

매표소 (切符売り場)

관광 정보 센터

직 원: 안녕하세요?

こんにちは。

콘니찌와.

인솔자: 입장권을 구매하려고 합니다. 저희 인원은 성인 10명, 아동 5명 그리고 인솔자 1명입니다. 얼마죠?

入場券を購入しようと思います。私たちの人員は大人10人、子供5人、そして引率者1人です。いくらですか。

뉴-죠-켕오코-뉴시요-또오모이마스. 와따시타찌노징잉와오또나쥬-닌, 코도모고닌, 소시떼 인소쯔샤히또리데스. 이꾸라데스까.

직 원: 성인은 1인당 1,000엔, 아동은 500엔 총 1,500엔입니다. 인솔자는 무료입니다. 결제는 현금으로 하시겠습니까? 카드로 하시겠습니까?

大人は一人当たり千円、子供は500円全部で1,500円です。引率者は無料です。決済は現金ですか、それともカードですか。

오또나와히또리아따리생엔, 코도모와고햐쿠엔젠부데센고햐쿠엔데스. 인소쯔샤와무료-데스. 켓싸이와겡낑데스까, 소레또모카-도데스까.

인솔자: 현금으로 하겠습니다.

現金(げんきん)でします。

겡낑데시마스.

관광지 안내 (観光地(かんこうち)の案内(あんない))

인솔자: 실례합니다. 기념품 판매점은 어디에 있나요?

失礼(しつれい)します。記念品販売店(きねんひんはんばいてん)はどこにありますか。

시쯔레-시마스. 키넹힝항바이뗑와도꼬니아리마스까.

직 원: 직진으로 가면 사거리가 나옵니다. 거기서 왼쪽으로 가면 됩니다.

まっすぐ行(い)くと交差点(こうさてん)が出(で)てきます。そこで左(ひだり)に行(い)けばいいです。

마쓰구이쿠또코-사뗑가데떼키마스. 소코데히다리니이케바이-데스.

인솔자: 실례합니다. 화장실은 어디에 있나요?

失礼(しつれい)します。トイレはどこにありますか。

시쯔레-시마스. 토이레와도꼬니아리마스까.

직 원: 화장실은 왼쪽으로 가다가 삼거리가 나옵니다. 거기서 우측으로 가시면 됩니다.

トイレは左(ひだり)に行(い)くと三叉路(さんさろ)が出(で)てきます。そこで右側(みぎかわ)に行(い)かればよいです。

토이레와히다리니이쿠또상사로가데떼키마스. 소코데미기가와니이카레바요이-데스.

주요단어

- 観光地(かんこうち) 관광지
- 一人当(ひとりあ)たり 1인당
- 記念品(きねんひん) 기념품
- まっすぐ 곧장, 직진
- 交差点(こうさてん) 사거리, 교차로
- 入場券(にゅうじょうけん) 입장권
- 無料(むりょう) 무료
- 販売店(はんばいてん) 판매점
- 三叉路(さんさろ) 삼거리

기념품 판매점

4. 식당 (食堂(しょくどう))

인솔자: 저희 일행은 15명입니다. 자리를 안내해 주시겠습니까?

私(わたし)たちの一行(いっこう)は15人(にん)です。席(せき)を案内(あんない)していただけますか。

와따시타찌노잇꼬-와쥬-고닌데스. 세키오안나이시떼이따다케마스까.

웨이터: 예약을 하셨습니까?

ご予約(よやく)をされましたか。

고요야쿠오사레마시따까.

인솔자: 네, KATE투어로 15명 예약을 하였습니다. 확인 부탁드립니다.

はい、KATEツアーで15人(にん)予約(よやく)しました。ご確認(かくにん)お願(ねが)いいたします。

하이, KATE쯔아-데쥬-고닌요야쿠시마시따. 고카쿠닌오네가이이따시마스.

웨이터: (확인 후) 확인되었습니다. 이쪽으로 오시지요.

(確認後(かくにんご))確認(かくにん)しました。こちらにいらっしゃってください。

(카쿠닌고)카쿠닌시마시따. 코찌라니이랏샤떼쿠다사이.

인솔자: 여기 (물, 반찬, 밥, 앞 접시) 가져다주시겠습니까?

こちらに(水(みず)、おかず、ご飯(はん)、取(と)り皿(ざら))を持(も)ってきていただけますか。

코찌라니(미즈, 오까즈, 고항, 토리자라)오못떼키떼이따다케마스까.

웨이터: 알겠습니다. 더 필요한 것은 없습니까?

分(わ)かりました。他(ほか)に必要(ひつよう)なものはありませんか。

와까리마시따. 호까니히쯔요-나모노와아리마셍까.

주요단어

- 食堂(しょくどう) 식당
- ツアー 투어
- ご飯(はん) 밥
- 必要(ひつよう)だ 필요하다
- 案内(あんない) 안내
- おかず 반찬
- 取り皿(とりざら) 앞 접시
- もの 것, 물건

식당

5. 쇼핑센터 (ショッピングセンター)

구매자: 이 곳에서 제일 유명한 제품은 무엇인가요?

こちらで一番有名な製品は何ですか。

코찌라데이찌방유－메－나세－힝와난데스까.

판매자: 이 곳에서 제일 유명한 것은 일본전통인형입니다.

こちらで一番有名なのは日本伝統人形です。

코찌라데이찌방유－메－나노와니혼덴또－닌교－데스.

구매자: 이 제품의 가격은 얼마이죠?

この製品の価格はいくらですか。

코노세－힝노가까쿠와이꾸라데스까.

판매자: 2,500엔입니다.

2,500円です。

니센고하꾸－엔데스.

구매자: 이 제품은 환불 및 교환이 되나요?

この製品は、払い戻しや交換ができますか。

코노세－힝와, 하라이모도시야코－캉가데끼마스까.

판매자: 교환 및 환불이 됩니다.

交換及び払い戻しが可能です。

코－캉오요비하라이모도시가카노－데스.

구매자: 이 제품은 할인이 되나요?

この製品は割引が可能ですか。

코노세-힝와아리비끼가카노-데스까.

구매자: 이 제품을 취급할 때 주의사항은 무엇인가요?

この製品を扱うときの注意事項は何ですか。

코노세-힝오아쯔까우토끼노추-이지꼬-와난데스까.

주요단어

- 国(くに) 나라
- 一番(いちばん) 가장
- 有名(ゆうめい)だ 유명하다
- 製品(せいひん) 제품
- 伝統(でんとう)人形(にんぎょう) 전통인형
- 価格(かかく) 가격
- いくら 얼마
- 払(はら)い戻(もど)し 환불, 환급
- 交換(こうかん) 교환
- できる 할 수 있다, 가능하다
- 割引(わりびき) 할인
- 扱(あつか)う 다루다, 취급하다
- 注意事項(ちゅういじこう) 주의사항

쇼핑센터

Chapter 03

귀국 업무

きこく ぎょうむ
(帰国業務)

01. 현지 공항

- 카운터
- 출국심사
- 면세구역
- 탑승구 변경안내

02. 환 승

- 환승 공항

1. 현지 공항 (現地(げんち)空港(くうこう))

카운터 (カウンター)

카운터: 항공권과 여권을 주시겠습니까?

航空券(こうくうけん)とパスポートを見(み)せていただけますか。

코–쿠켕또파스포–토오미세떼이따다케마스까.

인솔자: 여기 있습니다. 혹시 좌석 배정이 가능하면 저희 일행들은 앞쪽 좌석으로 부탁합니다.

はい、どうぞ。もし座席配分(ざせきはいぶん)が可能(かのう)であれば私(わたし)たちの一行(いっこう)は前側(まえがわ)の座席(ざせき)でお願(ねが)いします。

하이도–조. 모시자세끼하이붕가카노–데아레바와따시타찌노잇꼬–와마에가와노자세끼데오네가이시마스.

카운터: 확인 하겠습니다.

確認(かくにん)いたします。

카쿠닌이따시마스.

인솔자: 혹시 비상구 자리가 있다면, 제 좌석은 비상구 좌석으로 배정을 부탁합니다.

もし非常口座席(ひじょうぐちざせき)があったら、私(わたし)の座席(ざせき)は非常口座席(ひじょうぐちざせき)に割(わ)り当(あ)てをお願(ねが)いします。

모시히죠–구찌자세끼가앗따라, 와따시노자세끼와히죠–구찌자세끼니와리아떼오오네가이시마스.

카운터: 확인 하겠습니다.

確認いたします。

카쿠닌이따시마스.

인솔자: 탑승권 드리겠습니다. 확인 해주세요. 그리고 원래 비행 출발 시간은 오후 8시였는데 기체 결함(기상조건)으로 출발이 지연 되었습니다.

搭乗券をどうぞ。ご確認ください。そして本来、飛行機の出発時間は午後8時でしたが機体の欠陥(気象条件)で出発が遅延されました。

토–죠–껭오도–죠–. 고카쿠닌쿠다사이. 소시떼혼라이, 히꼬–끼노슛빠쯔지깡와고고하찌지데시따가, 키따이노켓깡(키쇼–죠–껭)데슛빠쯔가찌엔사레마시따.

인솔자: 그럼 예정된 출발 시간은 언제인가요?

それでは出発予定時間は何時ですか。

소레데와슛빠쯔요떼–지깡와난지데스까.

카운터: 내일 오전 8시입니다.

明日の午前8時です。

아시따노고젠하찌지데스.

인솔자: 출발 지연에 따른 보상은 어떻게 됩니까?

出発遅延による補償はどうなりますか。

슛빠쯔찌엔니요루호쇼–와도–나리마스까.

카운터: 공항 근처 호텔에서 1박, 교통편, 식사를 제공해드리도록 하겠습니다.

空港(こう)周辺のホテルで1泊、交通の便、食事を提供するようにいたします。

쿠-코-슈-헨노호테루데잇빠쿠, 코-쯔-노벤, 쇼쿠지오테-쿄-스루요-니이따시마스.

출국 카운터

출국심사(出国審査(しゅっこくしんさ))

심사관: 여권을 보여주시겠습니까?

パスポートを見(み)せていただけますか。

파스포-토오미세떼이따다케마스까.

관광객: 여기 있습니다.

はい、どうぞ。

하이, 도-죠.

심사관: 출국신고서가 없습니다. 저쪽에 출국신고서가 있으니 작성해서 오시기 바랍니다.

出国申告書(しゅっこくしんこくしょ)がありません。あちらに出国申告書(しゅっこくしんこくしょ)があるので作成(さくせい)してお越(こ)し願(ねが)います。

슛꼬쿠신꼬쇼가아리마셍. 아찌라니슈꼬쿠신꼬쿠쇼가아루노데사쿠세-시떼오코시네가이마스.

관광객: 네, 알겠습니다.

はい、分(わ)かりました。

하이, 와까리마시따.

심사관: 어느 나라로 출국하시죠?

どの国(くに)に出国(しゅっこく)なさいますか。

도노쿠니니슈코꾸나사이마스까.

관광객: 한국으로 갑니다.

韓国(かんこく)に行(い)きます。

캉꼬꾸니이끼마스.

심사관: 여기에 머무는 동안 투숙했던 곳은 어디인가요?

ここに滞在(たいざい)する間(あいだ)、宿泊(しゅくはく)したところはどこですか。

코꼬니타이자이스루아이다, 슈쿠하쿠시따토꼬로와도꼬데스까.

관광객: 하얏트 호텔입니다.

ハイアットホテルです。

하이야토호테루데스.

심사관: 즐거운 시간 보냈습니까?

楽(たの)しい時間(じかん)を過(す)ごしましたか。

타노시-지깡오스고시마시따까.

관광객: 네, 무척 즐거웠습니다.

はい、とても楽(たの)しかったです。

하이, 토떼모타노시깟따데스.

심사관: 감사합니다. 안녕히 가세요.

ありがとうございます。さようなら。

아리가또-고자이마스. 사요-나라.

면세구역 (免税区域)

관광객: 이 제품의 가격은 얼마죠?

この製品の価格はいくらですか。

코노세-힝노카까꾸와이꾸라데스까.

관광객: 이 제품의 사용방법은 어떻게 되나요?

この製品の使用方法はどうなりますか。

코노세-힝노시요-호-호-와도-나리마스까.

관광객: 이 제품의 유통기한은 어떻게 되죠?

この製品の使用期間はどうなりますか。

코노세-힝노시오-끼깡와도-나리마스까.

관광객: 남성(여성)도 사용 가능한 제품인가요?

男性(女性)も使用可能な製品ですか。

단세-(죠세-)모시요-카노-나세-힝데스까.

관광객: 이 양주로 주세요. 얼마죠?

この洋酒をください。いくらですか。

코노요-슈오쿠다사이. 이꾸라데스까.

판매원: 2,000엔입니다. 최종 목적지가 어디신가요? 혹시 경유 하십니까?

2千円(せんえん)です。最終目的地(さいしゅうもくてきち)がどこですか。もしかしたら経由(けいゆ)していますか。

니센엔데스. 사이슈-모쿠테끼찌가도꼬데스까. 모시까시따라케-유시떼이마스까.

관광객: 아니요. 최종 목적지는 한국이고요. 직항입니다.

いいえ、最終目的地(さいしゅうもくてきち)は韓国(かんこく)で、直航(ちょっこう)です。

이-에. 사이슈-모쿠테끼찌와캉꼬꾸데. 춋꼬-데스.

판매원: 네. 고객님 액체류는 최종 목적지에 도착하실 때 까지 이 포장을 뜯으시면 안됩니다.

はい、お客様(きゃくさま)、液体類(えきたいるい)は最終目的地(さいしゅうもくてきち)に到着(とうちゃく)するときまでこの包装(ほうそう)を解(と)いてはいけません。

하이. 오캬쿠사마. 에끼따이류이와사이슈-모쿠테끼찌니토-챠쿠스루또끼마데코노호-소-오토이떼와이께마셍.

관광객: 여기 흡연 구역은 어디죠?

ここの喫煙区域(きつえんくいき)はどこですか。

코꼬노키쯔엥쿠이끼와도꼬데스까.

직 원: 직진하시면 저기 보이는 기둥 오른쪽에 있습니다.

直進(ちょくしん)され、あそこに見(み)える柱(はしら)の右側(みぎがわ)にあります。

쵸쿠싱사레. 아소꼬니미에루하시라노미기가와니아리마스.

관광객: 14번 게이트가 어디에 있죠?

14番ゲートがどこにありますか。

쥬–온반게–토가도꼬니아리마스까.

직　원: 저 앞 샤넬매장을 끼고 우회전 하다가 다시 좌회전 하면 됩니다.

あの前のシャネルの売り場を挟んで右折してまた左折すればいいです。

아노마에노샤네루노우리바오하산데우세쯔시떼마따사세쯔스레바이–데스.

면세품 인도장

면세점

탑승구 변경 안내 (搭乗口の変更案内)

직 원: 안내해드리겠습니다. 금일 인천으로 가는 OZ731편의 탑승구가 13번 탑승구에서 7번 탑승구로 변경되었음을 알려드립니다. OZ731편을 이용하는 고객께서는 이용에 착오 없으시길 바랍니다.

ご案内いたします。本日、仁川に行くアシアナ731便の搭乗口が13番搭乗口から7番の搭乗口に変更されたことをお知らせいたします。アシアナ731便を利用するお客様はお間違いのないようにお願いいたします。

고안나이이따시마스. 혼지쯔, 인천니이쿠아시아나나나상이찌빙노토–죠–구찌가쥬산반토–죠구찌까라나나반노토–죠–구찌니헨꼬–사레따코또오오시라세이따시마스. 아시아나나나상이찌빙오리요–스루오캬쿠사마와오마찌가이노나이요–니오네가이이따시마스.

관광객: 여기가 금일 인천으로 가는 OZ731편의 변경된 탑승구가 맞습니까?

ここが本日、仁川行きアシアナ731便の変更された搭乗口でよろしいですか。

코꼬가혼지쯔, 인천유끼아시아나나나상이찌빙노헨꼬–사레따토–죠–구찌데요로시–데스까.

직 원: 네, 맞습니다.

はい、そうです。

하이, 소–데스.

주요단어

- 帰国(きこく) 귀국
- 現地(げんち) 현지
- カウンター 카운터
- どうぞ 어서, 부디, 제발
- 非常口(ひじょうぐち) 비상구
- 本来(ほんらい) 원래, 본래
- 出発(しゅっぱつ) 출발
- 機体欠陥(きたいけっかん) 기체결함
- 遅延(ちえん) 지연
- 補償(ほしょう) 보상
- 周辺(しゅうへん) 주변
- 交通(こうつう) 교통
- 便(べん) 편
- 出国(しゅっこく) 출국
- 座席配分(ざせきはいぶん) 좌석배정
- 気象条件(きしょうじょうけん) 기상조건
- 出国申告書(しゅっこくしんこくしょ) 출국신고서
- 作成(さくせい) 작성
- お越(こ)し 가심, 오심
- 楽(たの)しい 즐겁다
- 過(す)ごす 보내다, 지내다
- とても 매우, 몹시
- 免税(めんぜい) 면세
- 区域(くいき) 구역
- 使用(しよう) 사용
- 流通(りゅうつう) 유통
- 期限(きげん) 기한
- 男性(だんせい) 남성
- 女性(じょせい) 여성
- 洋酒(ようしゅ) 양주
- 最終(さいしゅう) 최종
- もしかしたら 어쩌면, 혹시
- 経由(けいゆ) 경유
- 直航(ちょっこう) 직항
- 液体類(えきたいるい) 액체류
- 包装(ほうそう) 포장
- 解(と)く 풀다, 뜯다
- 喫煙(きつえん) 금연
- 直進(ちょくしん) 직진
- 柱(はしら) 기둥
- ゲート 게이트
- シャネル 샤넬
- 売(う)り場(ば) 매장

· 挟(はさ)む 끼우다, 끼워넣다
· 右折(うせつ) 우회전
· 左折(させつ) 좌회전
· 搭乗口(とうじょうぐち) 탑승구
· 変更(へんこう) 변경
· 間違(まちが)い 잘못, 오류

탑승 게이트

2. 환승 (乗り換え)

환승 공항 (乗り換え空港)

인솔자: 실례합니다. 환승 카운터가 어디입니까?

あの、失礼します。乗り換えのカウンターはどこですか。

시쯔레–시마스. 노리까에노카운타–와도꼬데스까.

직 원: 저기 보이는 환승안내표지판을 따라 가시면 됩니다.

あそこに見える乗り換え案内標識に沿って行けばいいです。

아소코니미에루노리까에안나이효–시끼니솟떼이케바이–데스.

인솔자: 인천으로 가는 20명 단체 여행객입니다. 환승 수속을 부탁드립니다.

仁川に行く20人の団体旅行客です。乗り換え手続きをお願いします。

인천니이쿠니쥬–닌노단따이료꼬–캬쿠데스. 노리까에테쯔즈끼오오네가이시마스.

카운터: 여권과 항공권을 주시기 바랍니다.

パスポートと航空券をお願いします。

파스포–토또코–쿠–껭오오네가이시마스.

여권과 탑승권을 받으십시오.

パスポートと搭乗券(とうじょうけん)をお受(う)け取(と)りください。

파스포–토또토–죠–껭오오우께또리쿠다사이.

인솔자: 감사합니다.

ありがとうございます。

아리가또–고자이마스.

주요단어

- 乗(の)り換(か)え 환승
- 標識(ひょうしき) 표지판
- 団体(だんたい) 단체
- 手続(てつづ)き 수속
- 場合(ばあい) 경우
- 沿(そ)う 따르다
- 旅行客(りょこうきゃく) 여행객

비행장

Chapter 04

응급사항 발생: 병원, 경찰서 등

(応急事項発生(おうきゅうじこうはっせい): 病院(びょういん)、警察署(けいさつしょ)など)

01. 고객이 다쳤을 경우

02. 병원 진료

03. 경찰서

1. 고객이 다쳤을 경우 (顧客が負傷した場合)

인솔자: (지나가는 행인에게) 저기요, 실례지만 구급차 좀 불러 주시겠어요?

(通行人に)すみません、失礼ですが、救急車を呼んでいただけますか。

(쯔–꼬–닌니)스미마셍, 시쯔레–데스가, 큐–큐–샤오욘데이따다케마스까.

인솔자: (전화통화) 여보세요? 119이죠? 여기 사람이 다쳐서 쓰러졌습니다. 구급차 좀 불러 주시겠습니까?

(電話)もしもし、119ですか。ここで人が怪我をして倒れました。救急車を呼んでいただけますか。

(뎅와) 모시모시, 이찌이찌큐–데스까. 코꼬데히또가케가오시떼타오레마시따. 큐–큐–샤오욘데이따다케마스까.

소방서: (전화통화) 알겠습니다. 위치가 어떻게 되죠?

(電話)分かりました。位置がどうなりますか。

(뎅와) 와까리마시따. 이찌가도–나리마스까.

인솔자: (전화통화) 현재 여기는 우에노 공원 안에 있는 스타벅스 왼편에 있는 의자입니다.

(電話)現在ここの位置は上野公園内にあるスターバックスの左側にある椅子のところです。

(뎅와)겐자이코꼬노이찌와우에노코-엔나이니아루스타-바쿠스노히다리가와니아루이스노토꼬로데스.

소방서: (전화통화) 구급차를 보내드리겠습니다. 환자를 안전한 곳으로 옮겨주시고 상황을 잘 살펴봐 주세요.

(電話)救急車をお送りいたします。患者を安全な場所に移して状況をよく見てください。

(뎅와)큐-큐-샤오오오쿠리이따시마스. 칸쟈오안젱나바쇼니우쯔시떼죠-쿄-오요쿠미떼쿠다사이.

구급대원: 어떻게 된 일이죠?

どうしましたか。

도-시마시따까.

인솔자: 길을 걷다가 넘어져서 머리를 다쳤습니다.

道を歩いていて転んで頭を怪我しました。

오아루이떼이떼코론데아따마오케가시마시따.

인솔자: 길을 걷다가 갑자기 배가 아프다며 쓰러졌습니다.

道を歩いていて、突然お腹が痛いと言って倒れました。

미찌오아루이떼이떼, 토쯔젠오나까가이따이또잇떼타오레마시따.

인솔자: 길을 걷다가 갑자기 가슴에 통증을 느끼며 쓰러졌습니다.

道を歩いていて、急に胸に痛みを感じて倒れました。

미찌오아루이떼이떼, 큐–니무네니이따미오간지떼타오레마시따.

인솔자: 길을 걷다가 발을 헛디뎌서 발목에 통증을 느끼고 있습니다.

道を歩いていて足を踏み外し足首に痛みを感じています。

미찌오아루이떼이떼아시오후미하즈시아시쿠비니이따미오간지떼이마스.

인솔자: 길을 걷다가 갑자기 발작을 일으키며 쓰러졌습니다.

道を歩いていて、急に発作を起こして倒れました。

미찌오아루이떼이떼, 큐–니홋싸오오코시떼타오레마시따.

주요단어

- 応急(おうきゅう) 응급
- 事項(じこう) 사항
- 発生(はっせい) 발생
- 病院(びょういん) 병원
- 警察(けいさつ) 경찰
- など ~등
- あるいは 혹은
- 市街(しがい) 거리
- 顧客(こきゃく) 고객
- 負傷(ふしょう) 부상
- 通行人(つうこうにん) 행인
- 救急車(きゅうきゅうしゃ) 구급차
- 呼(よ)ぶ 부르다
- 電話(でんわ) 전화
- もしもし 여보세요
- 人(ひと) 사람
- 怪我(けが) 상처, 부상
- 倒(たお)れる 쓰러지다, 넘어지다
- スターバックス 스타벅스
- 椅子(いす) 의자
- ところ 곳, 장소
- 患者(かんじゃ) 환자
- 安全(あんぜん) 안전
- 移(うつ)す 옮기다
- 状況(じょうきょう) 상황, 정황
- 歩(ある)く 걷다
- 転(ころ)ぶ 쓰러지다
- 突然(とつぜん) 갑자기
- お腹(なか) 배
- 痛(いた)い 아프다
- 言(い)う 말하다
- 急(きゅう)に 갑작스럽게
- 胸(むね) 가슴
- 感(かん)じる 느끼다, 경험하다
- 足(あし) 다리
- 足首(あしくび) 발목
- 発作(ほっさ) 발작
- 起(お)こす 일으키다
- 踏(ふ)み外(はず)す 잘못 밟다, 헛디디다
- 上野(うえの)公園(こうえん) 우에노공원

2. 병원 진료 (病院診療)

접수대: 어디가 아파서 오셨죠?

どうしましたか。

도-시마시따까.

인솔자: 이분이 배가 아프고 설사를 해서 왔습니다.

この方がお腹が痛くて下痢をしたので来ました。

코노카따가오나까가이따쿠떼게리오시따노데키마시따.

접수대: 잠시만 기다려 주세요. 이은민씨 진료실로 들어오세요.

少々お待ちください。イウンミンさん、診療室にお入りください。

쇼-쇼-오마찌쿠다사이. 이은민상, 신료-시쯔니오하이리쿠다사이.

의 사: 어디가 아파서 오셨죠?

どうしましたか。

도-시마시따까.

인솔자: 이분이 어제 밤부터 배가 아프고 설사를 한다고 해서 왔습니다.

この方が昨日の夜からお腹が痛くて下痢をすると言うので来ました。

코노카따가키노-노요루까라오나까가이따쿠떼게리오스루또이우노데키마시따.

의 사: 혹시 다른 증상은 없나요?

ひょっとして他(ほか)の症状(しょうじょう)はありませんか。

훗또시떼호까노쇼-죠-와아리마셍까.

인솔자: 미열이 있다고 합니다.

微熱(びねつ)があるそうです。

비네쯔가아루소-데스.

인솔자: 메스꺼움이 있다고 합니다.

吐気(はきけ)があるそうです。

하키께가아루소-데스.

인솔자: 구토를 했습니다.

もどしました。

모도시마시따.

인솔자: 어지럽다고 합니다.

めまいがするそうです。

메마이가스루소-데스.

인솔자: 가슴이 답답하다고 합니다.

胸(むね)が苦(くる)しいそうです。

무네가쿠루시-소-데스.

인솔자: 오한이 있다고 합니다.

寒気(さむけ)がするそうです。

사무께가스루소-데스.

인솔자: 뼈마디가(몸이) 쑤신다고 합니다.

骨節(体)がずきずき痛むそうです。

호네부시(카라다)가즈끼즈끼이따무소―데스.

의 사: 약을 처방해 드리겠습니다.

薬を處方して差し上げましょう。

쿠스리오쇼호―시떼사시아게마쇼―.

접수대: 이은민씨 처방전 받으시고 결제 부탁드립니다. 결제는 카드로 하시겠습니까? 현금으로 하시겠습니까?

イウンミンさん、處方箋を受けとられ、決済をお願いいたします。決済はカードでなさいますか。現金でなさいますか。

이은민상, 쇼호―센오우께토라레, 켓싸이오오네가이이따시마스. 켓싸이와카―도데나사이마스까. 겡낑데나사이마스까.

인솔자: 카드로 하겠습니다. 그리고 여행자보험처리를 위하여 진단서와 진료비 영수증 발급을 부탁 드립니다.

カードでします。そして旅行者保険処理のため診断書と診療費の領収証の発行をお願いします。

카―도데시마스. 소시떼료꼬―샤호껭쇼리노따메신단쇼또신료―히노료―슈―쇼―노핫꼬―오오네가이시마스.

주요단어

- 診療(しんりょう) 진료
- 方(かた) 분(사람)
- 下痢(げり) 설사
- 診療室(しんりょうしつ) 진료실
- 昨日(きのう) 어제
- 夜(よる) 밤
- 症状(しょうじょう) 증상
- 微熱(びねつ) 미열
- 吐気(はきけ) 메스꺼움
- もどす 구토하다
- めまい 현기증
- 苦(くる)しい 답답하다, 괴롭다
- 寒気(さむけ) 오한
- 骨節(ほねぶし) 골절
- 体(からだ) 몸
- ずきずき 욱신욱신
- 薬(くすり) 약
- 処方(しょほう) 처방
- 処方箋(しょほうせん) 처방전
- 処理(しょり) 처리
- ため ~위해
- 診断書(しんだんしょ) 진단서
- 診療費(しんりょうひ) 진료비
- 領収証(りょうしゅうしょう) 영수증
- 発行(はっこう) 발행
- 旅行者保険(りょこうしゃほけん) 여행자보험

3. 경찰서 (警察署(けいさつしょ))

경찰관: 무엇을 도와드릴까요?

どんなご用件(ようけん)でしょうか。

돈나고요-껭데쇼-까.

인솔자: 이분께서 여권이 든 지갑을 소매치기 당했습니다.

この方(かた)がパスポートが入(はい)った財布(さいふ)をすられました。

코노까따가파스포-또가하잇따사이후오스라레마시따.

인솔자: 카메라를 도난당했습니다.

カメラを盗(ぬす)まれました。

카메라오누스마레마시따.

경찰관: 언제, 어디서 소매치기(도난)를 당했습니까?

いつどこでスリ(盗難(とうなん))に遭(あ)いましたか。

이쯔도꼬데스리(토-난)니아이마시따까.

인솔자: 한 시간 전, 교토박물관 매표소 앞에서 소매치기(도난)를 당했습니다.

一時間前(いちじかんまえ)に、京都博物館(きょうとはくぶつかん)の切符売(きっぷう)り場(ば)の前(まえ)でスリ(盗難(とうなん))に遭(あ)いました。

이찌지깡마에니, 교-또하쿠부쯔깐노킷뿌우리바노마에데스리(토-난)니아이마시따.

경찰관: 피해 물품과 금액이 어떻게 되나요?

被害物品と金額はどうなりますか。

히가이부삥또킹가쿠와도-나리마스까.

인솔자: 현금 3만엔과 신용카드, 루이비통 지갑 1개 그리고 여권입니다. 여행자 보험처리를 위해서 경찰 신고서를 작성해 주시겠습니까?

現金3万円とクレジットカード、ルイ・ヴィトンの財布1つ、そしてパスポートです。旅行者保険処理 のために警察の申告所を作成していただけますか。

겡낑삼망엔또크레지또카-도, 루이비통노사이후히또쯔, 소시떼파스포-또데스. 료코-샤호껭쇼리노따메니케-사쯔노신코쿠쇼오사쿠세이시떼이따다케마스까.

경찰관: 네, 알겠습니다.

はい、分かりました。

하이, 와까리마시따.

주요단어

- 財布(さいふ) 지갑
- 盗(ぬす)む 훔치다, 속이다
- スリ 소매치기
- 遭(あ)う 당하다, 겪다
- 被害(ひがい) 피해
- クレジットカード 전용카드
- カメラ 카메라
- いつ 언제
- 盗難(とうなん) 도난
- 切符売(きっぷうり)場(ば) 매표소
- 金額(きんがく) 금액
- ルイ・ビトン 루이비통
- 京都(きょうと)博物館(はくぶつかん) 교토박물관

해외여행

인솔자 외국어

Part 03
중국어
中國语

Chapter 01_ 출국 업무

Chapter 02_ 현지 업무

Chapter 03_ 귀국 업무

Chapter 04_ 응급사항 발생

Chapter 01

출국 업무

(出国业务 chūguóyèwù)

01. 기내
    - 기내탑승
    - 기내식
02. 입국심사
    - 입국심사
    - 수화물 수취대
    - 세관심사

1. 기내 飞机 Fēijī

기내탑승 (乘坐飞机 Chéngzuòfēijī)

승무원: 환영합니다. 탑승권을 보여주시겠습니까?
乘务员: 欢迎乘坐！请给我看看您的登机牌，好吗？
Chéngwùyuán: Huānyíng chéngzuò! Qǐng gěi wǒ kànkan nín de dēngjīpái, hǎo ma?
청우위앤: 후안잉 청쭈어! 칭 게이 워 칸칸 닌 더 떵지파이, 하오 마?

탑승객: (탑승권을 보여주며) 제 좌석은 어디인가요?
乘客: (出示登机牌) 我的座位在哪儿?
Chéngkè: (Chūshì dēngjīpái) Wǒ de zuòwèi zài nǎr?
청커: (추쓰 떵지파이) 워 더 쭈어웨이 짜이 나얼?

승무원: 네, 고객님 자리는 B30번 자리로써, 중간쯤 가시면 복도 쪽에 있습니다.
乘务员: 您的座位在B30号，走到中间靠通道的座位就是。
Chéngwùyuán: Nín de zuòwèi zài Bsānshíhào, zǒudào zhōngjiān kào tōngdào de zuòwèi jiùshì。
청우위앤: 닌 더 쭈어웨이 짜이 B싼스하오, 조우따오 쭝찌앤 카오 통따오 더 쭈어웨이 찌우쓰.

탑승객: 실례합니다. 잠시만 지나가겠습니다.
乘客: 不好意思，请让我过一下。
Chéngkè: Bùhǎoyìsi, qǐng ràng wǒ guò yíxià。
청커: 뿌하오이스, 칭 랑 워 꾸어 이씨아.

탑승객: 승무원님, 저쪽 자리가 빈 좌석 같은데 저쪽으로 자리를 옮겨도 되나요?
乘客: 空姐，那个座位好像是空位，可以换到那个座位吗?
Chéngkè: Kōngjiě, nàge zuòwèi hǎoxiàng shì kòngwèi, kěyǐ huàn dào nàge zuòwèi ma?
청커: 콩지에, 나거 쭈어웨이 하오씨앙 쓰 콩웨이, 커이 후안 따오 나거 쭈어웨이 마?

승무원: 확인해서 알려드리겠습니다.
乘务员: 我确认一下，然后告诉您。
Chéngwùyuán: Wǒ quèrèn yíxià, ránhòu gàosu nín。
청우위앤: 워 취에런 이씨아, 란호우 까오수 닌.

탑승객: 실례합니다. 담요 좀 갖다 주시겠습니까?
乘客: 麻烦您，给我一条毯子，好吗?
Chéngkè: Máfan nín, gěi wǒ yìtiáo tǎnzi, hǎo ma?
청커: 마판 닌, 게이 워 이티아오 탄즈, 하오 마?

승무원: 네, 담요 가져다 드리겠습니다. 잠시만 기다려주세요.
乘务员: 好的，我马上就拿来给您。请稍等。
Chéngwùyuán: Hǎo de, wǒ mǎshàng jiù nálái gěi nín。Qǐng shāo děng。
청우위앤: 하오 더, 워 마쌍 찌우 나라이 게이 닌. 칭 싸오 덩.

인솔자: 실례합니다. 여기 A56번 고객에게 담요 좀 갖다 주시겠습니까?

导游: 麻烦您，请给A56号乘客一条毯子，好吗?

Dǎoyóu: Máfan nín, qǐng gěi Awǔshíliùhào chéngkè yìtiáo tǎnzi, hǎo ma?

다오요우: 마판 닌, 칭 게이 A우스리우하오 청커 이티아오 탄즈, 하오 마?

승무원: 네, A56번 고객에게 담요 가져다 드리겠습니다. 잠시만 기다려 주세요.

乘务员: 好的，我马上就拿来给他(她)。请稍等。

Chéngwùyuán: Hǎo de, wǒ mǎshàng jiù nálái gěi tā(tā)。Qǐng shāo děng。

청우위앤: 하오 더, 워 마쌍 찌우 나라이 게이 타(타). 칭 싸오 덩.

탑승객: 실례합니다. 제가 머리가 아파서 그런데 혹시 두통약이 있습니까?

乘客: 不好意思，我头疼，有没有头疼药?

Chéngkè: Bùhǎoyìsi, wǒ tóuténg, yǒu méiyǒu tóuténgyào?

청커: 뿌하오이스, 워 토우텅, 요우 메이요우 토우텅야오?

승무원: 네, 두통약 가져다 드리겠습니다. 잠시만 기다려 주세요.

乘务员: 有，我马上就拿来给您。请稍等。

Chéngwùyuán: Yǒu, wǒ mǎshàng jiù nálái gěi nín。Qǐng shāo děng。

청우위앤: 요우, 워 마쌍 찌우 나라이 게이 닌 칭 싸오 덩.

인솔자: 승무원님, 출입국 신고서와 세관신고서 주시겠습니까?

导游: 空姐, 请拿给我出入境卡和海关报单。

Dǎoyóu: Kōngjiě, qǐng nágěi wǒ chūrùjìngkǎ hé hǎiguānbàodān。

다오요우: 콩지에 칭 나게이 워 추루찡카 허 하이꾸안빠오딴.

실례지만 출입국 신고서와 세관신고서 20장을 저에게 주시겠습니까?

麻烦您, 请给拿20张出入境卡和海关报单。

Máfan nín, qǐng gěi ná èrshízhāng chūrùjìngkǎ hé hǎiguānbàodān。

마판 닌, 칭 게이 나 얼스쨩 추루찡카 허 하이꾸안빠오딴.

승무원: 네, 고객님 출입국 신고서와 세관신고서를 가져다 드리겠습니다.

乘务员: 好的, 我马上就拿来给您。

Chéngwùyuán: Hǎo de, wǒ mǎshàng jiù nálái gěi nín。

청우위앤: 하오 더, 워 마쌍 찌우 나라이 게이 닌.

탑승객: 승무원님, 콜라(맥주, 땅콩, 과자) 좀 주세요.

乘客: 空姐, 请给我可乐(啤酒, 花生, 饼干)。

Chéngkè: Kōngjiě, qǐng gěi wǒ kělè(píjiǔ, huāshēng, bǐnggān)。

청커: 콩지에, 칭 게이 워 커러 (피지어우, 후아썽, 빙깐)

승무원: 네, 콜라(맥주, 땅콩, 과자) 가져다 드리겠습니다.
乘务员: 好的，我马上给您送来。
Chéngwùyuán: Hǎo de, wǒ mǎshàng gěi nín sòng lái。
청우위앤: 하오 더, 워 마쌍 게이 닌 쏭 라이.

탑승객: 승무원님. 앞으로 목적지까지 도착하는데 시간이 얼마나 걸리죠?
乘客: 空姐，到目的地需要多长时间?
Chéngkè: Kōngjiě, dào mùdìdìxūyào duōcháng shíjiān?
청커: 콩지에, 따오 무띠띠 쉬야오 뚜어 창 스찌앤?

승무원: 네, 고객님 목적지까지 도착 시간은 약 5시간 30분 남았습니다.
乘务员: 到目的地大概还要5个半小时。
Chéngwùyuán: Dào mùdìdì dàgài hái yào wǔgè bàn xiǎoshí。
청우위앤: 따오 무띠띠 따까이 하이 야오 우거 빤 시아오스.

주요단어

- 飞机 페이지 fēijī 〈명〉 비행기
- 乘务员 청우위앤 chéngwùyuán 〈명〉 승무원
- 欢迎 후안잉 huānyíng 〈동〉 환영하다, 기쁘게 맞이하다
- 乘坐 청쭈어 chéngzuò 〈동〉 (자동차, 배, 비행기 등을) 타다
- 请 칭 qǐng 〈동〉 요청하다, 청하다, 부탁하다
- 给 게이 gěi 〈동〉 (~에게) 주다
- 我 워 wǒ 〈대〉 나, 저
- 您 닌 nín 〈대〉 당신, 귀하('你'의 존칭)
- 看 칸 kàn 〈동〉 보다, 구경하다
- 的 더 de 〈조〉 ~의
- 登机牌 떵지파이 dēngjīpái 〈명〉 탑승권
- 好 하오 hǎo 〈형〉 좋다, 훌륭하다
- 吗 마 ma 〈조〉 ~입니까(의문문을 만드는 조사)
- 乘客 청커 chéngkè 〈명〉 승객
- 出示 추쓰 chūshì 〈동〉 제시하다, 내보이다
- 座位 쭈어웨이 zuòwèi 〈명〉 좌석
- 在 짜이 zài 〈동〉 (사람이나 사물이)~에 있다
- 哪儿 나얼 nǎr 〈대〉 어디, 어느 곳
- 走 조우 zǒu 〈동〉 걷다
- 到 따오 dào 〈동〉 도착하다, 도달하다, (동사 뒤에서 보어로 쓰여) 동작이 목적에 도달했거나 성취된 것을 나타냄.
- 中间 쭝찌앤 zhōngjiān 〈명〉 중간
- 靠 카오 kào 〈동〉 접근하다, 다가서다
- 通道 통따오 tōngdào 〈명〉 통로

- 就是 찌우쓰 jiùshì〈부〉바로 ~이다
- 不好意思 뿌하오이스 bùhǎoyìsi 실례지만, 미안하지만
- 让 랑 ràng〈동〉~하게 하다, 하도록 시키다
- 过 꾸어 guò〈동〉가다, 지나다, 건너다
- 一下 이씨아 yíxià〈수〉한번(동사 뒤에서 '좀 ~해주세요'라는 뜻으로 쓰임)
- 空姐 콩지에 kōngjiě〈명〉스튜디어스, (여객기의) 여승무원(空中小姐의 약칭)
- 那个 나거 nàge〈대〉그, 저
- 好像 하오씨앙 hǎoxiàng〈부〉마치 ~과 같다(비슷하다)
- 是 쓰 shì〈동〉~이다
- 空位 콩웨이 kòngwèi〈명〉빈자리
- 可以 커이 kěyǐ〈조동〉~해도 좋다, ~해도 된다(허가를 나타냄)
- 换 후안 huàn〈동〉바꾸다, 교체하다
- 确认 취에런 quèrèn〈동〉확인하다.
- 然后 란호우 ránhòu〈접〉그런 후에, 그 다음에
- 麻烦 마판 máfan〈동〉번거롭게 하다, 성가시게 하다, 폐를 끼치다.
- 号 하오 hào〈명〉(차례 · 순번을 표시하는) 번호
- 条 티아오 tiáo〈양〉개(생활용품 · 도구와 관련된 것을 세는 단위)
- 毯子 탄즈 tǎnzi〈명〉담요, 모포
- 马上 마쌍 mǎshàng〈부〉곧, 즉시, 바로, 금방
- 拿来 나라이 nálái〈동〉가져오다
- 稍 싸오 shāo〈부〉약간, 조금, 좀, 잠시, 잠깐
- 等 덩 děng〈동〉기다리다
- 有 요우 yǒu〈동〉있다
- 没有 메이요우 méiyǒu〈동〉없다

- 头疼 토우텅 tóuténg 〈동〉 머리가 아프다. 〈명〉 두통
- 头疼药 토우텅야오 tóuténgyào 〈명〉 두통약
- 导游 다오요우 dǎoyóu 〈명〉 관광안내원, 가이드
- 出入境卡 추루찡카 chūrùjìngkǎ 〈명〉 출입국신고서
- 和 허 hé 〈접〉 와, 과(단어나 구를 연결하여 병렬관계나 선택관계를 나타냄)
- 海关报单 하이꾸안빠오딴 hǎiguānbàodān 〈명〉 세관신고서
- 可乐 커러 kělè 〈명〉 콜라
- 啤酒 피지어우 píjiǔ 〈명〉 맥주
- 花生 후아셩 huāshēng 〈명〉 땅콩
- 饼干 빙깐 bǐnggān 〈명〉 비스킷, 과자
- 目的地 무띠띠 mùdìdì 〈명〉 목적지
- 需要 쉬야오 xūyào 〈동〉 필요하다, 요구하다
- 要 야오 yào 〈동〉 필요로 하다, 걸리다, 들다
- 多长 뚜어 duōcháng 얼마나
- 时间 스찌앤 shíjiān 〈명〉 시간
- 大概 따까이 dàgài 〈부〉 아마(도), 대개
- 还 하이 hái 〈부〉 아직, 아직도, 여전히
- 小时 시아오스 xiǎoshí 〈명〉 시간(시간의 단위)

기내식 (机内餐 Jīnèicān)

인솔자: 승무원님, 저기 A30번 고객님께서는 출발 전 차일드 밀을 예약했습니다. 확인 부탁드립니다.

导游: 空姐，A30号乘客出发之前预订了儿童餐。请给确认一下。

Dǎoyóu: Kōngjiě, Asānshíhào chéngkè chūfā zhīqián yùdìng le értóngcān。Qǐng gěi quèrèn yíxià。

다오요우: 콩지에, A싼스하오 청커 추파 쯔치앤 위띵 러 얼통찬. 칭 게이 취에런 이씨아.

승무원: 네, 고객님 확인해드리겠습니다. (잠시 후) 확인해본 결과 차일드밀이 신청되어 있습니다.
잠시 후 기내식 제공 때 차일드 밀을 제공해 드리겠습니다.

乘务员: 好的，我去确认一下。(稍后) 他(她)申请了儿童餐。
呆会儿提供机内餐的时候，拿给他(她)。

Chéngwùyuán: Hǎo de, wǒ qù quèrèn yíxià。(shāohòu) Tā(tā) shēnqǐng le értóngcān。
Dāihuìr tígōng jīnèicān de shíhou, nágěi tā(tā)。

청우위앤: 하오 더, 워 취 취에런 이씨아. (싸오호우) 타(타) 썬칭 러 얼통찬.
따이후얼 티꽁 찌네이찬 더 스호우, 나게이 타(타).

승무원:	A30번 고객님 차일드 밀 신청 확인해 본 결과 신청이 되어있지 않습니다.
乘务员:	他(她)没有申请儿童餐。
Chéngwùyuán:	Tā(tā) méiyǒu shēnqǐng értóngcān。
청우위앤:	타(타) 메이요우 썬칭 얼통찬.

인솔자:	그래요? 혹시 그럼 다른 방법이 없을까요? 남는 차일드 밀이 있으면 제공을 부탁드립니다.
导游:	是吗? 那，有没有别的方法? 如果有多余的儿童餐，请给他(她)提供一下。
Dǎoyóu:	Shìma? Nà, yǒu méiyǒu biéde fāngfǎ? Rúguǒ yǒu duōyú de értóngcān, qǐng gěi tā(tā) tígōng yíxià。
다오요우:	쓰 마? 나, 요우 메이요우 비에더 팡파? 루구어 요우 뚜어위 더 얼통찬, 칭 게이 타(타) 티꽁 이씨아.

승무원:	네, 확인해보겠습니다.
乘务员:	好的，我确认一下。
Chéngwùyuán:	Hǎo de, wǒ quèrèn yíxià。
청우위앤:	하오 더, 워 취에런 이씨아.

승무원:	소고기와 오믈렛(생선, 닭고기)이 있습니다. 어떤 것으로 하시겠습니까?
乘务员:	有牛肉和鸡蛋盖饭(鱼, 鸡肉), 您要哪一种?
Chéngwùyuán:	Yǒu niúròu hé jīdàngàifàn(yú, jīròu), nín yào nǎ yì zhǒng?
청우위앤:	요우 니우로우 허 찌딴까이판 (위, 찌로우), 닌 야오 나 이 종?

탑승객: 저는 오믈렛으로 주세요.

乘客: 我要鸡蛋盖饭。

Chéngkè: Wǒ yào jīdàngàifàn。

청커: 워 야오 찌딴까이판

승무원: 음료는 콜라, 사이다, 맥주, 와인, 커피가 있습니다. 어떤 것으로 하시겠습니까?

乘务员: 饮料有可乐, 汽水, 啤酒, 葡萄酒, 咖啡。您要哪一种?

Chéngwùyuán: Yǐnliào yǒu kělè, qìshuǐ, píjiǔ, pútáojiǔ, kāfēi。Nín yào nǎ yì zhǒng?

청우위앤: 인랴오 요우 커러, 치수이, 피지어우, 푸타오지어우, 카페이. 닌 야오 나 이 종?

탑승객: 맥주로 주세요.

乘客: 我要啤酒。

Chéngkè: Wǒ yào píjiǔ。

청커: 워 야오 피지어우.

주요단어

- 提供 티꽁 tígōng 〈동〉 제공하다
- 机内餐 찌네이찬 jīnèicān 〈명〉 기내식
- 出发 추파 chūfā 〈동〉 출발하다, 떠나다
- 之前 쯔치앤 zhīqián 〈명〉 ~의 앞, ~의 전
- 预订 위띵 yùdìng 〈동〉 예약하다

- 了 러 le 〈조〉 동사나 형용사 뒤에 쓰여 동작 또는 변화가 이미 완료되었음을 나타냄.
- 儿童餐 얼통찬 értóngcān 〈명〉 차일드 밀
- 好的 하오 더 hǎo de 좋아, 됐어(응대하는 말로서 동의를 나타냄)
- 去 취 qù 〈동〉 가다
- 稍后 싸오호우 shāohòu 〈명〉 (시간상) 잠시 뒤, 조금 후
- 他 타 tā 〈대〉 그, 그 사람
- 她 타 tā 〈대〉 그녀, 그 여자
- 申请 썬칭 shēnqǐng 〈동〉 신청하다
- 呆会儿 따이후얼 dāihuìr 잠시
- 时候 스호우 shíhou 〈명〉 때, 시각, 무렵
- 是吗 쓰 마 shìma 그렇습니까(반문을 나타냄)
- 那 나 nà 〈접〉 그러면, 그렇다면
- 别的 비에더 biéde 〈대〉 다른 것, 다른 사람
- 方法 팡파 fāngfǎ 〈명〉 방법, 수단, 방식
- 如果 루구어 rúguǒ 〈접〉 만약, 만일
- 多余 뚜어위 duōyú 〈형〉 여분의, 나머지의
- 牛肉 니우로우 niúròu 〈명〉 소고기
- 鸡蛋盖饭 찌딴까이판 jīdàngàifàn 〈명〉 오믈렛
- 鱼 위 yú 〈명〉 생선
- 鸡肉 찌로우 jīròu 〈명〉 닭고기
- 哪 나 nǎ 〈대〉 어느 것, 무엇
- 种 종 zhǒng 〈양〉 종류, 부류
- 饮料 인랴오 yǐnliào 〈명〉 음료
- 汽水 치수이 qìshuǐ 〈명〉 사이다
- 葡萄酒 푸타오지어우 pútáojiǔ 〈명〉 포도주, 와인
- 咖啡 카페이 kāfēi 〈명〉 커피

2. 입국심사(C.I.Q) 入境检查 Rùjìng jiǎnchá

입국심사 (入境检查 Rùjìng jiǎnchá)

심사관:	여권을 보여주세요. 어디에서 오셨습니까?
审查员:	请出示一下您的护照。您从哪里来的?
shěncháyuán:	Qǐng chūshì yíxià nín de hùzhào。Nín cóng nǎli lái de?
선차위앤:	칭 추스 이씨아 닌 더 후짜오. 닌 총 나리 라이 더?

관광객:	한국에서 왔습니다.
游客:	从韩国来的。
Yóukè:	Cóng Hánguó lái de。
요우커:	총 한구어 라이 더.

심사관:	방문 목적이 무엇입니까?
审查员:	访问目的是什么?
shěncháyuán:	Fǎngwèn mùdì shì shénme?
선차위앤:	팡원 무띠 쓰 선머?

관광객:	관광(친지방문, 출장 등) 목적으로 왔습니다.
游客:	我是来旅游(探亲, 出差等)的。
Yóukè:	Wǒ shì lái lǚyóu(tànqīn, chūchāi děng) de。
요우커:	워 쓰 라이 뤼요우 (탄친, 추차이 덩) 더.

심사관: 일행이 있습니까?
审查员: 有没有同伴?
shěncháyuán: Yǒu méiyǒu tóngbàn?
선차위앤: 요우 메이요우 통빤?

관광객: 네, 저는 여행인솔자이고 저희 일행은 총 15명입니다.
游客: 有，我是导游，我们一共有15个人。
Yóukè: Yǒu, wǒ shì dǎoyóu, wǒmen yígòng yǒu shíwǔgèrén。
요우커: 요우, 워 쓰 다오여우, 워먼 이꽁 요우 스우꺼런.

심사관: 얼마 동안 체류할 예정이시죠?
审查员: 打算停留几天?
shěncháyuán: Dǎsuan tíngliú jǐ tiān?
선차위앤: 다수안 팅리우 지 티앤?

관광객: 3박 4일간 체류할 것입니다.
游客: 打算停留4天3夜。
Yóukè: Dǎsuan tíngliú sìtiān sānyè。
요우커: 다수안 팅리우 쓰티앤 싼예.

심사관: 여기서 머무르는 숙박 장소는 어디죠?
审查员: 这儿住在哪儿?
shěncháyuán: Zhèr zhù zài nǎr?
선차위앤: 쩔 쭈 짜이 나얼?

관광객: 시내에 있는 하얏트 호텔입니다.
游客: 住在市区的凯悦酒店。
Yóukè: Zhù zài shìqū de Kǎiyuèjiǔdiàn。
요우커: 쭈 짜이 쓰취 더 카이위에지우띠앤.

심사관: 귀국 항공권을 가지고 계십니까?
审查员: 您有返程机票吗?
shěncháyuán: Nín yǒu fǎnchéng jīpiào ma?
선차위앤: 닌 여우 판청 찌피아오 마?

관광객: 네, 돌아가는 비행티켓은 10월 15일 오후 21시 35분 OZ항공 317편입니다.
游客: 有，是10月15号下午21点35分的OZ航空317航班。
Yóukè: Yǒu, shì shíyuè shíwǔhào xiàwǔ èrshíyīdiǎn sānshíwǔfēn de OZhángkōng sānyīqī hángbān。
요우커: 요우, 쓰 스위에 스우하오 씨아우 얼스이디앤 싼스우펀 더 OZ항콩 싼이치 항빤.

주요단어

- 入境 루찡 rùjìng 〈동〉 입국하다
- 检查 지앤차 jiǎnchá 〈동〉 검사하다, 조사하다
- 审查员 선차위앤 shěncháyuán 〈명〉 검사관, 검열관
- 从 총 cóng 〈개〉 ~부터(장소나 시간의 출발점을 나타냄)
- 哪里 나리 nǎli 〈대〉 어디, 어느 곳
- 来 라이 lái 〈동〉 오다
- 游客 요우커 yóukè 〈명〉 여행객, 관광객
- 访问 팡원 fǎngwèn 〈동〉 방문하다

- 目的 무띠 mùdì〈명〉목적
- 什么 선머 shénme〈대〉무엇
- 旅游 뤼요우 lǚyóu〈동〉여행하다, 관광하다
- 探亲 탄친 tànqīn〈동〉가족(친척)을 방문하다
- 出差 추차이 chūchāi〈동〉(외지로) 출장가다
- 等 덩 děng〈조〉등
- 同伴 통빤 tóngbàn〈명〉동반자, 동행자
- 我们 워먼 wǒmen〈대〉우리(들)
- 一共 이꽁 yígòng〈부〉모두, 전부, 합계
- 打算 다수안 dǎsuan〈동〉~할 생각이다, ~하려고 하다, 계획하다
- 停留 팅리우 tíngliú〈동〉(잠시) 머물다, 체류하다
- 几 지 jǐ〈수〉몇(주로 10 이하의 확실하지 않은 수를 물을 때 쓰이며, 그 이상의 수를 물을 경우에는 '多少'를 씀)
- 天 티앤 tiān〈명〉하루, 날, 일
- 夜 예 yè〈명〉당일 20시부터 익일 8시까지
- 这儿 쩔 zhèr〈대〉여기, 이곳
- 住 쭈 zhù〈동〉숙박하다, 묵다, 살다, 거주하다
- 市区 쓰취 shìqū〈명〉시내 지역
- 返程 판청 fǎnchéng〈명〉돌아가는 길
- 机票 찌피아오 jīpiào〈명〉비행기표
- 下午 씨아우 xiàwǔ〈명〉오후
- 点 디앤 diǎn〈양〉시
- 分 펀 fēn〈명〉분
- 航空 항콩 hángkōng〈명〉항공
- 航班 항빤 hángbān〈명〉(배나 비행기의) 운항편, 항공편

고유명사

- 韩国 한구어 Hánguó 한국
- 凯悦酒店 카이위에지우띠앤 Kǎiyuèjiǔdiàn 하얏트 호텔

수화물 수취대 (行李领取处 Xínglilǐngqǔchù)

관광객: 제 짐을 어디에서 찾아야 합니까?
游客: 请问，在哪儿取行李?
Yóukè: Qǐngwèn, zài nǎr qǔ xíngli?
요커: 칭원, 짜이 나얼 취 싱리?

직 원: 타고오신 비행편명이 어떻게 되시죠?
职员: 您乘坐的是哪个航班?
zhíyuán: Nín chéngzuò de shì nǎge hángbān?
즈위앤: 닌 청쭈어 더 쓰 나거 항빤?

관광객: OZ371편입니다.
游客: OZ371航班。
Yóukè: OZsānqīyī hángbān。
요커: OZ싼치이 항빤.

직 원: (전광판을 확인하며) 수화물수취대는 5번입니다. 계단을 내려가서 오른쪽에 있습니다.
职员: (看到电子屏幕) 行李领取处是5号。下楼，右边就是。
zhíyuán: (kàndào diànzǐpíngmù) Xínglilǐngqǔchù shì wǔhào。Xiàlóu, yòubian jiùshì。
즈위앤: (칸따오 띠앤즈핑무) 싱리링취추 쓰 우하오. 씨아로우, 요우비앤 찌우쓰.

관광객: 제 짐을 찾을 수가 없습니다. 분실신고 센터가 어디에 있나요?

游客: 我找不到我的行李。请告诉我失物招领在哪儿?

Yóukè: Wǒ zhǎobúdào wǒ de xíngli。Qǐng gàosu wǒ shīwùzhāolǐng zài nǎr?

요우커: 워 자오부따오 워 더 싱리. 칭 까오수 워 쓰우짜오링 짜이 나얼?

직 원: 오른쪽 끝에 위치해 있습니다. 그쪽으로 가시면 됩니다.

职员: 走到右边尽头，能看到的。

zhíyuán: Zǒudào yòubian jìntóu, néng kàndào de。

즈위앤: 조우따오 요우비앤 찐토우, 넝 칸따오 더.

관광객: 제 짐이 나오지 않았습니다.

游客: 我的行李还没有出来。

Yóukè: Wǒ de xíngli hái méiyǒu chūlai。

요우커: 워 더 싱리 하이 메이요우 추라이.

직 원: 짐표(수화물 표)를 보여주시겠습니까?

职员: 请给我看看您的行李票。

zhíyuán: Qǐng gěi wǒ kànkan nín de xínglipiào。

즈위앤: 칭 게이 워 칸칸 닌 더 싱리피아오.

가방 색깔이 어떻고 가방의 크기는 어떻게 되나요?

请告诉我您的行李箱颜色和大小。

Qǐng gàosu wǒ nín de xínglixiāng yánsè hé dàxiǎo。

칭 까오수 워 닌 더 싱리씨앙 이앤써 허 따시아오.

관광객: 가방의 색깔은 검정색 하드케이스이며, 크기는 25인치입니다.
游客: 是25英寸的黑色硬行李箱。
Yóukè: Shì èrshíwǔ yīngcùn de hēisè yìng xínglǐxiāng。
요우커: 쓰 얼스우 잉춘 더 헤이써 잉 싱리씨앙.

직 원: 확인해서 연락드리겠습니다. 연락 가능한 연락처를 알려 주시겠습니까?
职员: 我确认一下，然后告诉您。请告诉我您的联系电话。
zhíyuán: Wǒ quèrèn yíxià, ránhòu gàosu nín。Qǐng gàosu wǒ nín de liánxì diànhuà。
즈위앤: 워 취에런 이씨아, 란호우 까오수 닌. 칭 까오수 워 닌 더 리앤씨 띠앤후아.

관광객: 제 가방이 파손이 되었습니다. 어떻게 해야 하나요?
游客: 我的行李箱被弄坏了。怎么办?
Yóukè: Wǒ de xínglǐxiāng bèi nòng huài le。Zěnmebàn?
요우커: 워 더 싱리씨앙 뻬이 농 후아이 러. 전머빤?

직 원: 왼쪽 KATE항공사 카운터로 가셔서 말씀 하시면 됩니다.
职员: 到左边KATE航空公司的柜台您说一下。
zhíyuán: Dào zuǒbian KATE hángkōnggōngsī de guìtái nín shuō yíxià。
즈위앤: 따오 주어비앤 KATE 항콩꽁쓰 더 꾸이타이 닌 쑤어 이씨아.

관광객: 제 가방이 파손이 되었습니다.
游客: 我的行李箱被弄坏了。
Yóukè: Wǒ de xínglǐxiāng bèi nòng huài le。
요우커: 워 더 싱리씨앙 뻬이 농 후아이 러.

직 원: 네 알겠습니다. 조치해드리도록 하겠습니다.

职员: 好的，我明白了。马上给您处理。

zhíyuán: Hǎo de, wǒ míngbai le。Mǎshàng gěi nín chǔlǐ。

즈위앤: 하오 더, 워 밍바이 러. 마쌍 게이 닌 추리.

주요단어

- 行李领取处 싱리링취추 xínglilǐngqǔchù 〈명〉 수화물 수취대
- 请问 칭원 qǐngwèn 〈동〉 말씀 좀 여쭙겠습니다
- 取 취 qǔ 〈동〉 찾다
- 行李 싱리 xíngli 〈명〉 짐, 여행짐, 수화물
- 电子屏幕 띠앤즈핑무 diànzǐpíngmù 〈명〉 전광판
- 下楼 씨아로우 xiàlóu 〈동〉 (위층 · 계단 따위에서) 내려가다
- 右边 요우비앤 yòubian 〈명〉 오른쪽, 우측
- 左边 주어비앤 zuǒbian 〈명〉 왼쪽, 좌측
- 找不到 자오부따오 zhǎobúdào 찾지 못하다
- 失物招领 쓰우짜오링 shīwùzhāolǐng 〈명〉 분실물센터
- 尽头 찐토우 jìntóu 〈명〉 끝(머리), 막바지, 말단, 말미
- 能 넝 néng 〈동〉 ~할 수 있다, ~할 줄 안다
- 看到 칸따오 kàndào 〈동〉 보이다, 눈에 띄다
- 出来 추라이 chūlai 〈동〉 (안에서 밖으로) 나오다
- 职员 즈위앤 zhíyuán 〈명〉 직원
- 行李票 싱리피아오 xínglipiào 〈명〉 짐표
- 行李箱 싱리씨앙 xínglixiāng 〈명〉 여행용 가방

· 颜色 이앤써 yánsè 〈명〉 색, 색깔

· 大小 따시아오 dàxiǎo 〈명〉 크기

· 英寸 잉춘 yīngcùn 〈양〉 인치(inch)

· 黑色 헤이써 hēisè 〈명〉 검정색

· 硬 잉 yìng 〈형〉 단단하다, 딱딱하다

· 联系 리앤씨 liánxì 〈동〉 연락하다

· 电话 띠앤후아 diànhuà 〈명〉 전화

· 被 뻬이 bèi 〈동〉 ~에 의해 ~당하다(동사 앞에 쓰여 피동형 구나 문장을 만듦)

· 弄 농 nòng 〈동〉 ~하게 하다

· 坏了 후아이러 huàile 〈동〉 못쓰게 되다

· 怎么办 전머빤 zěnmebàn 어쩌나, 어떻게 하나

· 航空公司 항콩꽁쓰 hángkōnggōngsī〈명〉 항공사

· 柜台 꾸이타이 guìtái 〈명〉 카운터

· 明白 밍바이 míngbai 〈동〉 알다, 이해하다

· 处理 추리 chǔlǐ 〈동〉 처리하다, (문제를) 해결하다

세관심사 (海关申报 Hǎiguānshēnbào)

심사관: 세관 신고 할 물품이 있습니까?
审查员: 有没有要申报的东西?
shěncháyuán: Yǒu méiyǒu yào shēnbào de dōngxi?
선차위앤: 요우 메이요우 야오 썬빠오 더 똥시?

관광객: 아니요. 없습니다.
游客: 没有。
Yóukè: Méiyǒu。
요커: 메이요우.

심사관: 녹색통로 쪽으로 나가시면 됩니다.
审查员: 您走绿色通道出去，就行。
shěncháyuán: Nín zǒu lǜsè tōngdào chūqu, jiù xíng。
선차위앤: 닌 조우 뤼써 통따오 추취, 찌우 싱.

심사관: 세관 신고 할 물품이 있습니까?
审查员: 有没有要申报的东西?
shěncháyuán: Yǒu méiyǒu yào shēnbào de dōngxi?
선차위앤: 요우 메이요우 야오 썬빠오 더 똥시?

관광객: 네, 있습니다.
游客: 有。
Yóukè: Yǒu。
요우커: 요우.

심사관: 빨간색통로 쪽으로 나가시면 됩니다.
审查员: 您走红色通道出去，就行。
shěncháyuán: Nín zǒu hóngsè tōngdào chūqu, jiù xíng。
선차위앤: 닌 조우 홍써 통따오 추취, 찌우 싱.

심사관: 가방을 좀 열어보시겠습니까? 이 물건은 무엇이지요?
审查员: 请您打开一下行李箱。这是什么东西?
shěncháyuán: Qǐng nín dǎkāi yíxià xínglǐxiāng。Zhè shì shénme dōngxi?
선차위앤: 칭 닌 다카이 이씨아 싱리씨앙. 쩌 쓰 선머 똥시?

관광객: 이 물건은 (김치, 라면, 홍삼, 소주)입니다. (또는 현지에 있는 친구 선물입니다.)
游客: 这是(泡菜，方便面，红参，烧酒)。(送给朋友的礼物。)
Yóukè: Zhè shì(pàocài, fāngbiànmiàn, hóngshēn, shāojiǔ)。(Sònggěi péngyou de lǐwù。)
요우커: 쩌 쓰 (파오차이, 팡삐앤미앤, 홍썬, 싸오지어우) (쏭게이 펑요우 더 리우)

심사관: 이 물건은 당국에 입국 금지 물품입니다. 압수하겠습니다.
审查员: 这些东西是违禁品。要没收。
shěncháyuán: Zhèxiē dōngxi shì wéijìnpǐn。Yào mòshōu。
선차위앤: 쩌씨에 똥시 쓰 웨찐핀. 야오 모쏘우.

주요단어

- 海关申报 하이꾸안썬빠오 hǎiguānshēnbào 세관신고
- 申报 썬빠오 shēnbào 〈동〉(세관에) 신고하다
- 东西 똥시 dōngxi 〈명〉 물품
- 绿色 뤼써 lǜsè 〈명〉 초록색
- 红色 홍써 hóngsè 〈명〉 빨간색
- 出去 추취 chūqu 〈동〉 나가다
- 行 싱 xíng 〈동〉 좋다, ~해도 좋다.
- 打开 다카이 dǎkāi 〈동〉 열다, 풀다, 펼치다
- 泡菜 파오차이 pàocài 〈명〉 김치
- 方便面 팡삐앤미앤 fāngbiànmiàn 〈명〉 라면
- 红参 홍썬 hóngshēn 〈명〉 홍삼
- 烧酒 싸오지어우 shāojiǔ 〈명〉 소주
- 送给 쏭게이 sònggěi 〈동〉 주다, 선물하다
- 朋友 펑요우 péngyou 〈명〉 친구
- 礼物 리우 lǐwù 〈명〉 선물
- 这些 쩌씨에 zhèxiē 〈대〉 이런 것들, 이러한
- 违禁品 웨찐핀 wéijìnpǐn 〈명〉 금지품
- 没收 모쏘우 mòshōu 〈동〉 압수하다, 몰수하다

Chapter 02

현지 업무

(当地业务 Dāngdì yèwù)

01. 호텔
    - 호텔 체크인
    - 객실
    - 레스토랑
    - 객실 키를 잃어버렸을 때
02. 이동 (기차, 버스, 배편 등)
    - 기차
    - 버스
    - 배편
03. 관광지
    - 매표소
    - 관광지 안내
04. 식당
05. 쇼핑센터

1. 호텔 饭店 Fàndiàn

호텔 체크인 (入住饭店 Rùzhùfàndiàn)

인솔자: 안녕하세요. 호텔 체크인 부탁드립니다.
导游: 你好！请给我办理入住手续。
Dǎoyóu: Nǐ hǎo! Qǐng gěi wǒ bànlǐ rùzhù shǒuxù。
다오요우: 니 하오! 칭 게이 워 빤리 루쭈 소우쉬.

프론트: 안녕하세요. 고객님 호텔 바우처와 여권을 주시겠습니까?
前台: 您好！请给我看看您的住宿券和护照。
Qiántái: Nǐn hǎo! Qǐng gěi wǒ kànkan nín de zhùsùquàn hé hùzhào。
치앤타이: 닌 하오! 칭 게이 워 칸칸 닌 더 쭈쑤취앤 허 후짜오.

인솔자: 네, 바우처는 여기 있고요, 여권은 총 16개 여기 있습니다. 객실은 싱글 1방, 트윈 7방, 트리플 1방으로 예약했습니다.
导游: 好的，给您住宿券。这是16本护照。客房预订了1个单人间，7个双人间，1个三人间。
Dǎoyóu: Hǎo de, gěi nín zhùsùquàn。Zhè shì shíliùběn hùzhào。
Kèfáng yùdìng le yígè dānrénjiān, qīgè shuāngrénjiān, yígè sānrénjiān。
다오요우: 하오 더, 게이 닌 쭈쑤취앤. 쩌 쓰 스리우번 후짜오.
커팡 위띵 러 이꺼 딴런찌앤, 치꺼 쑤앙런찌앤, 이꺼 싼런찌앤.

프론트: 네, 확인하겠습니다.

前台: 好的，我确认一下。

Qiántái: Hǎo de, wǒ quèrèn yíxià。

치앤타이: 하오 더, 워 취에런 이씨아.

인솔자: 아~! 그리고 객실 배정은 바로 옆방으로 붙여주시고요, 전망이 좋은 객실로 배정 부탁드립니다.

导游: 啊！请把房间安排在一起。拜托景色好一点的房间。

Dǎoyóu: À! Qǐng bǎ fángjiān ānpái zài yìqǐ。Bàituō jǐngsè hǎo yìdiǎn de fángjiān。

다오요우: 아! 칭 바 팡찌앤 안파이 짜이 이치. 빠이투어 징써 하오 이디앤 더 팡찌앤.

프론트: 네, 확인해드리겠습니다. (잠시 후) 객실 예약 확인 되었습니다. 객실 키 드리겠습니다. 총 객실은 9개이고요. 싱글 방 1개, 트윈 방 7개, 트리플 방 1개입니다.

前台: 好的，我帮您确认一下。(稍后) 客房确认好了。给您客房钥匙。客房一共9个。是1个单人间，7个双人间，1个三人间。

Qiántái: Hǎo de, wǒ bāng nín quèrèn yíxià。(shāohòu) Kèfáng quèrèn hǎo le。Gěi nín kèfáng yàoshi。Kèfáng yígòng jiǔgè。Shì yígè dānrénjiān, qīgè shuāngrénjiān, yígè sānrénjiān。

치앤타이: 하오 더, 워 빵 닌 취에런 이씨아. (싸오호우) 커팡 취에런 하오 러. 게이 닌 커팡 야오스. 커팡 이꽁 지우꺼. 쓰 이꺼 단런찌앤, 치꺼 쑤앙런찌앤, 이꺼 싼런찌앤.

인솔자: 루밍리스트 복사를 부탁드립니다.
导游: 请给复印一下入室名单。
Dǎoyóu: Qǐng gěi fùyìn yíxià rùshì míngdān。
다오요우: 칭 게이 푸인 이씨아 루쓰 밍딴.

프론트: 몇 장 해드릴까요?
前台: 要几张?
Qiántái: Yào jǐ zhāng?
치앤타이: 야오 지 짱?

인솔자: 8장 부탁드립니다. 그리고 내일 각 방에 모닝콜을 해주시면 감사하겠습니다.
导游: 要8张。还有明天请每个房间叫醒服务。
Dǎoyóu: Yào bāzhāng。Háiyǒu míngtiān qǐng měigè fángjiān jiàoxǐng fúwù。
다오요우: 야오 빠짱. 하이요우 밍티앤 칭 메이꺼 팡찌앤 찌아오싱 푸우.

프론트: 모닝콜은 몇 시에 해드릴까요?
前台: 您要几点叫醒?
Qiántái: Nín yào jǐdiǎn jiàoxǐng?
치앤타이: 닌 야오 지디앤 찌아오싱

인솔자: 네, 오전 7시로 부탁드립니다. 그리고 아침식사 시간과 장소는 어디인가요?
导游: 早上7点。还有，请告诉我早餐时间和地点。
Dǎoyóu: Zǎoshang qīdiǎn。Háiyǒu, qǐng gàosu wǒ zǎocān shíjiān hé dìdiǎn。
다오요우: 자오상 치디앤. 하이요우, 칭 까오수 워 자오찬 스찌앤 허 띠디앤.

프론트: 아침 식사 시간은 오전 07시~오전 10시까지 이며, 위치는 로비 오른쪽 페닌슐라 레스토랑입니다. 입장 시 조식 쿠폰(방 번호)을 제출하셔야 합니다.

前台: 早餐时间是从7点到10点。地点在大厅右边半岛餐厅。进去时，要交给服务员早餐券(房间号码)。

Qiántái: Zǎocān shíjiān shì cóng qīdiǎn dào shídiǎn。Dìdiǎn zài dàtīng yòubian bàndǎocāntīng。Jìnqù shí, yào jiāogěi fúwùyuán zǎocānquàn(fángjiān hàomǎ)。

치앤타이: 자오찬 스찌앤 쓰 총 치디앤 따오 스디앤. 띠디앤 짜이 따팅 요우비앤 빤다오찬팅. 찐취 스, 야오 찌아오 게이 푸우위앤 자오찬취앤 (팡찌앤 하오마).

인솔자: 감사합니다.

导游: 谢谢!

Dǎoyóu: Xièxie!

다오요우: 씨에씨에!

주요단어

- 当地 땅띠 dāngdì 〈명〉 현지, 현장
- 业务 예우 yèwù 〈명〉 업무
- 入住 루쭈 rùzhù 〈동〉 (호텔 등에서) 숙박하다
- 饭店 판띠앤 fàndiàn 〈명〉 호텔
- 办理 빤리 bànlǐ 〈동〉 (수속을) 밟다
- 手续 소우쉬 shǒuxù 〈명사〉 수속, 절차
- 前台 치앤타이 qiántái 〈명〉 프론트
- 住宿券 쭈쑤취앤 zhùsùquàn 〈명〉 바우처
- 本 번 běn 〈양〉 권
- 客房 커팡 kèfáng 〈명〉 객실

· 单人间 단런찌앤 dānrénjiān 〈명〉 싱글
· 双人间 쑤앙런찌앤 shuāngrénjiān 〈명〉 트윈
· 三人间 산런찌앤 sānrénjiān 〈명〉 트리플
· 把 바 bǎ 〈개〉 동작 · 작용의 대상을 동사 앞으로 전치(前置)시킬 때 씀
· 房间 팡찌앤 fángjiān 〈명〉 방
· 安排 안파이 ānpái 〈동〉 배정하다, 배치하다
· 一起 이치 yìqǐ 〈부〉 같이, 함께
· 拜托 빠이투어 bàituō 〈동〉 부탁드리다
· 景色 징써 jǐngsè 〈명〉 경치, 풍경
· 钥匙 야오스 yàoshi 〈명〉 열쇠
· 复印 푸인 fùyìn 〈동〉 복사하다
· 入室名单 루쓰밍딴 rùshìmíngdān 〈명〉 루밍리스트
· 张 짱 zhāng 〈양〉 장
· 明天 밍티앤 míngtiān 〈명〉 내일
· 叫醒服务 찌아오싱푸우 jiàoxǐngfúwù 〈명〉 모닝콜서비스
· 早上 자오상 zǎoshang 〈명〉 아침
· 早餐 자오찬 zǎocān 〈명〉 아침식사
· 地点 띠디앤 dìdiǎn 〈명〉 지점, 장소, 위치
· 从~到 총~따오 cóng~dào (시간 · 공간의) ~에서 ~까지, ~부터 ~까지
· 大厅 따팅 dàtīng 〈명〉 로비
· 进去 찐취 jìnqù 〈동〉 들어가다
· 时 스 shí 〈명〉 시, 때
· 交给 찌아오게이 jiāogěi 〈동〉 ~에게 건네주다, ~에게 제출하다
· 服务员 푸우위앤 fúwùyuán 〈명〉 (서비스업의) 종업원, 웨이터
· 早餐券 자오찬취앤 zǎocānquàn 〈명〉 종업원, 웨이터
· 房间号码 팡찌앤하오마 fángjiān hàomǎ 〈명〉 방 번호
· 谢谢 씨에씨에 xièxie 〈동〉 감사합니다

고유명사

· 半岛餐厅 빤다오찬팅 bàndǎocāntīng 페닌슐라 레스토랑

객실 (客房 Kèfáng)

프론트: 프론트 데스크입니다. 무엇을 도와드릴까요?
前台: 这里是前台。您需要帮忙吗?
Qiántái: Zhèlǐ shì qiántái。Nín xūyào bāngmáng ma?
치앤타이: 쩌리 쓰 치앤타이. 닌 쉬야오 빵망 마?

투숙객: 룸서비스를 시키려고 하는데요. 와인과 찹스테이크를 가져다주시겠습니까?
旅客: 我要客房服务。请给我送来葡萄酒和牛排。
Lǚkè: Wǒ yào kèfángfúwù。Qǐng gěi wǒ sòng lái pútáojiǔ hé niúpái。
뤼커: 워 야오 커팡푸우. 칭 게이 워 쏭 라이 푸타오지우 허 니우파이.

프론트: 알겠습니다. 준비해서 올려드리겠습니다. 방 번호가 어떻게 되시죠?
前台: 好的。我们马上为您准备。房间号码是多少?
Qiántái: Hǎo de。Wǒmen mǎshàng wèi nín zhǔnbèi。fángjiān hàomǎ shì duōshao?
치앤타이: 하오 더. 워먼 마쌍 웨이 닌 준뻬이. 팡찌앤 하오마 쓰 뚜어사오?

투숙객: 1303호입니다.
旅客: 1303号。
Lǚkè: yāosānlíngsānhào。
뤼커: 야오싼링싼하오.

프론트:	프론트 데스크입니다. 무엇을 도와드릴까요?
前台:	这里是前台。您需要帮忙?
Qiántái:	Zhèlǐ shì qiántái。Nín xūyào bāngmáng ma?
치앤타이:	쩌리 쓰 치앤타이. 닌 쉬야오 빵망 마?

투숙객:	수건을 가져다주시겠습니까? 그리고 뜨거운 물이 나오지 않습니다. 확인 부탁드립니다.
旅客:	请给我送来一条毛巾。还有不出热水。请给确认一下。
Lǚkè:	Qǐng gěi wǒ sòng lái yī tiáo máojīn。 háiyǒu bùchū rèshuǐ。 Qǐng gěi quèrèn yíxià。
뤼커:	칭 게이 워 쏭 라이 이 티아오 마오찐. 하이요우 뿌추 러수이. 칭 게이 취에런 이씨아.

프론트:	지금 바로 하우스키퍼를 보내겠습니다.
前台:	现在马上派客房服务员去看看。
Qiántái:	Xiànzài mǎshàng pài kèfángfúwùyuán qù kànkan。
치앤타이:	씨앤짜이 마쌍 파이 커팡푸우위앤 취 칸칸.

하우스키핑:	고객님 무엇이 문제인지요?
客房服务员:	您有什么问题吗?
Kèfángfúwùyuán:	Nín yǒu shénme wèntí ma?
커팡푸우위앤:	닌 요우 선머 원티 마?

투숙객: 샤워를 하려고 하는데 욕조에 뜨거운 물이 나오지 않습니다.

旅客: 我想洗澡，但是没有热水。

Lǚkè: Wǒ xiǎng xǐzǎo, dànshì méiyǒu rèshuǐ。

뤼커: 워 시앙 시자오, 딴쓰 메이요우 러수이

(하수구에 물이 내려가지 않습니다. / 변기가 고장 났습니다.)

(下水道不通。 / 马桶坏了。)

(Xiàshuǐdào bùtōng。/ mǎtǒng huài le。)

(씨아수이따오 뿌통 / 마통 후아이 러)

주요단어

- 打 다 dǎ 〈동〉(전화를) 걸다
- 这里 쩌리 zhèlǐ 〈대〉 이곳, 여기
- 帮忙 빵망 bāngmáng 〈동〉 도움을 주다, 일을 돕다
- 客房服务 커팡푸우 kèfángfúwù 〈명〉 룸서비스
- 客房服务员 커팡푸우위앤 kèfángfúwùyuán 〈명〉 객실종업원
- 送来 쏭라이 sòng lái 가져오다
- 牛排 니우파이 niúpái 〈명〉 스테이크
- 为 웨이 wèi 〈개〉 ~에게 ~을 해 주다, ~을 위하여 ~을 하다
- 准备 준뻬이 zhǔnbèi 〈동〉 준비하다
- 多少 뚜어사오 duōshao 〈대〉 얼마, 몇
- 毛巾 마오찐 máojīn 〈명〉 수건
- 还有 하이요우 háiyǒu 〈접〉 그리고, 또한
- 热水 러수이 rèshuǐ 〈명〉 따뜻한 물
- 派 파이 pài 〈동〉 보내다, 파견하다
- 问题 원티 wèntí 〈명〉 문제
- 想 시앙 xiǎng 〈동〉 ~하려고 하다, ~할 작정이다
- 洗澡 시자오 xǐzǎo 〈동〉 목욕하다, 샤워하다
- 但是 딴쓰 dànshì 〈접〉 그러나, 그렇지만
- 下水道 씨아수이따오 xiàshuǐdào 〈명〉 하수도
- 不通 뿌통 bùtōng 〈동〉 막히다
- 马桶 마통 mǎtǒng 〈명〉 양변기

레스토랑 (餐厅 Cāntīng)

웨이터: 안녕하세요. 고객님 좋은 아침입니다. 방 번호를 알려주시겠습니까? (조식쿠폰을 주시겠습니까?)

服务员: 早上好！请告诉我您的房间号码。(请给我早餐券。)

Fúwùyuán: zǎoshang hǎo! Qǐng gàosu wǒ nín de fángjiān hàomǎ。(Qǐng gěi wǒzǎocānquàn。)

푸우위앤: 자오상 하오! 칭 까오수 워 닌 더 팡찌앤 하오마. (칭 게이 워 자오찬취앤)

투숙객: 1303호입니다. 어디에 앉으면 되지요?

旅客: 1303号。坐哪儿?

Lǚkè: yāosānlíngsānhào。Zuò nǎr?

뤼커: 야오싼링싼하오. 쭈어 나얼?

웨이터: 저를 따라 오시죠. 저기 보이는 창 측 테이블에 앉으시면 됩니다.

服务员: 请跟我来。可坐在那边靠窗的座位。

Fúwùyuán: Qǐng gēn wǒ lái。Kě zuò zài nàbiān kào chuāng de zuòwèi。

푸우위앤: 칭 껀 워 라이. 커 쭈어 짜이 나삐앤 카오 추앙 더 쭈어웨이.

투숙객: 저기요, 여기 테이블이 더럽습니다. 치워주시겠습니까?

旅客: 服务员！这餐桌太脏了。请收拾一下。

Lǚkè: fúwùyuán! Zhè cānzhuō tài zāng le。Qǐng shōushi yíxià。

뤼커: 푸우위앤! 쩌 찬쭈어 타이 짱 러. 칭 쏘우스 이씨아.

웨이터: 네, 바로 치워드리도록 하겠습니다.

服务员: 好的，我马上就收拾。

Fúwùyuán: Hǎo de, wǒ mǎshàng jiù shōushi。

푸우위앤: 하오 더, 워 마쌍 찌우 쏘우스.

객실 키를 잃어버렸을 때
(丢失客房钥匙的时候 Diūshīkèfáng yàoshi de shíhou)

프론트: 프론트 데스크입니다. 무엇을 도와드릴까요?
前台: 这里是前台。您需要帮忙吗?
Qiántái: Zhèlǐ shì qiántái。Nín xūyào bāngmáng ma?
치앤타이: 쩌리 쓰 치앤타이. 닌 쉬야오 빵망 마?

투숙객: 제가 외부에서 객실 키를 잃어버렸습니다.
旅客: 我在外边丢了客房钥匙。
Lǚkè: Wǒ zài wàibian diū le kèfáng yàoshi。
뤼커: 워 짜이 와비앤 띠우 러 커팡 야오쓰.

프론트: 고객님 방 번호가 어떻게 되지요?
前台: 请告诉我您的房间号码。
Qiántái: Qǐng gàosu wǒ nín de fángjiān hàomǎ。
치앤타이: 칭 까오수 워 닌 더 팡찌앤 하오마.

투숙객: 1303호입니다.
旅客: 1303号。
Lǚkè: yāosānlíngsānhào。
뤼커: 야오싼링싼하오.

프론트: 이름이 무엇입니까?
前台: 您叫什么名字?
Qiántái: Nín jiào shénme míngzi?
치앤타이: 닌 찌아오 선머 밍즈?

투숙객: 이은민입니다.

旅客: 我叫李殷敏。

Lǚkè: Wǒ jiào Lǐ yīn mǐn。

뤼커: 워 찌아오 리 인 민.

프론트: 알겠습니다. 고객님 방 열쇠는 재발급이 가능하나, 열쇠를 잃어버린 것에 대하여 추가 비용이 발생이 됩니다. 결제를 바로 하시겠습니까? 아니면 체크아웃 할 때에 계산하시겠습니까?

前台: 好的。房间钥匙是可以补发，但还得付钱。您要现在付钱还是退房的时候付钱?

Qiántái: Hǎo de。Fángjiān yàoshi shì kěyǐ bǔfā, dàn hái děi fùqián。
Nín yào xiànzài fùqián háishi tuìfáng de shíhou fùqián?

치앤타이: 하오 더. 팡찌앤 야오스 쓰 커이 부파. 딴 하이 데이 푸치앤.
닌 야오 시앤짜이 푸치앤 하이스 투이팡 더 스호우 푸치앤?

투숙객: 얼마죠?

旅客: 多少钱?

Lǚkè: Duōshǎo qián?

뤼커: 뚜어사오 치앤?

프론트: $10입니다.

前台: 10美元。

Qiántái: shíměiyuán。

치앤타이: 스 메이위앤.

투숙객: 체크아웃 할 때에 계산하겠습니다.

旅客: 要退房的时候付钱。

Lǚkè: Yào tuìfáng de shíhou fùqián。

뤼커: 야오 투이팡 더 스호우 푸치앤.

주요단어

- 餐厅 찬팅 cāntīng 〈명〉 (호텔 · 역 · 비행장 등의) 식당
- 跟 껀 gēn 〈동〉 따라가다
- 那边 나삐앤 nàbiān 〈대〉 그쪽, 저쪽
- 窗 추앙 chuāng 〈명〉 창, 창문
- 餐桌 찬쭈어 cānzhuō 〈명〉 테이블
- 太 타이 tài 〈부〉 아주, 매우
- 脏 짱 zāng 〈형〉 더럽다, 지저분하다
- 收拾 쏘우스 shōushi 〈동〉 치우다, 정리하다
- 丢失 띠우쓰 diūshī 〈동〉 잃어버리다, 분실하다
- 外边 와이비앤 wàibian 〈명〉 밖, 바깥
- 叫 찌아오 jiào 〈동〉 ~라고 하다, 부르다
- 名字 밍즈 míngzi 〈명〉 성명
- 补发 부파 bǔfā 〈동〉 다시 발급하다
- 得 데이 děi 〈동〉 ~해야 한다
- 付钱 푸치앤 fùqián 〈동〉 돈을 지불하다
- 现在 씨앤짜이 xiànzài 〈명〉 지금, 현재, 이제
- 退房 투이팡 tuìfáng 〈동〉 체크아웃하다
- 美元 měiyuán 〈명〉 달러

고유명사

- 李殷敏 Lǐyīn mǐn 이은민

중국의 호텔은 이름 뒤에 판띠앤(饭店 fàndiàn), 지어우띠앤(酒店 jiǔdiàn), 삥구안(宾馆 bīnguǎn), 따싸(大厦 dàshà) 등이 붙는데, 판띠앤(饭店)은 한국의 무궁화 4~5등급의 특급호텔이다. 주점은 보통 5성급 호텔도 있지만 4~3성급 호텔도 있다. 삥구안(宾馆), 따싸(大厦 dàshà)는 2~3성급 호텔이 주를 이룬다. 한국과 비교해서 상당히 크지만 보통 아침 식사가 포함되지 않는다. 그밖에도 게스트하우스 수준의 짜오따이수어(招待所 zhāodàisuǒ) 등이 있다. 호텔 숙박비는 각 지역별 경제발전의 차이로 도시마다 다르다. 예컨대 베이징(北京), 선전(深圳), 상하이(上海), 광조우(广州) 등은 일반 지역보다 높다.

北京国际饭店 베이징국제호텔

上海浦东丽思卡尔顿大酒店 상하이 푸동 리츠칼튼호텔

2. 이동(기차, 버스, 배편 등) 交通工具(火车, 汽车, 船等)
Jiāotōnggōngjù(huǒchē, qìchē, chuán děng)

기차 (火车 Huǒchē)

■ **매표소** (售票处 Shòupiàochù)

인솔자: 북경으로 가는 표를 구매 하려고 합니다. 인원은 성인 10명, 아동 5명, 총 15명입니다.
导游: 我要买去北京的火车票。10个成人，5个儿童，一共是15个人。
Dǎoyóu: Wǒ yào mǎi qù Běijīng de huǒchēpiào。 shígè chéngrén, wǔgè értóng, yígòng shì shíwǔgè rén。
다오요우: 워 야오 마이 취 베이징 더 후어처피아오. 스거 청런, 우거 얼통, 이꽁 쓰 스우거 런.

매표원: 알겠습니다. 결제는 현금입니까? 카드입니까?
售票员: 好的。您要付现金还是刷卡?
Shòupiàoyuán: Hǎo de。Nín yào fù xiànjīn háishi shuākǎ?
쏘우피아오위앤: 하오 더. 닌 야오 푸 씨앤찐 하이스 쑤아카?

인솔자: 카드로 결제 하겠습니다.
导游: 我要刷卡。
Dǎoyóu: Wǒ yào shuākǎ。
다오요우: 워 야오 쑤아카.

인솔자: 이 열차는 직행열차 인가요? 아니면 완행열차 인가요?
导游: 这班列车是直快还是普客?
Dǎoyóu: Zhè bān lièchē shì zhíkuài háishi pǔkè?
다오요우: 쩌 빤 리에처 쓰 즈콰이 하이스 푸커?

매표원: 완행(직행)열차입니다.
售票员: 是普客(直快)。
Shòupiàoyuán: Shì pǔkè(zhíkuài)。
쏘우피아오위앤: 쓰 푸커(즈콰이).

■ 플랫폼 (站台 Zhàntái)

인솔자: 5번 플랫폼으로 가려면 어디로 가야 합니까?
导游: 请问，到5号站台怎么走?
Dǎoyóu: Qǐngwèn, dào wǔhào zhàntái zěnme zǒu?
다오요우: 칭원, 따오 우하오 짠타이 전머 조우?

직 원: 이 길 따라 20미터를 가시다가 우측에 5번 플랫폼이 있습니다.
职员: 顺着这条路往前走20米，右边就是5号站台。
zhíyuán: Shùnzhe zhè tiáo lù wǎngqián zǒu èrshí mǐ, yòubian jiùshì wǔhào zhàntái。
즈위앤: 쑨저 쩌 티아오 루 왕치앤 조우 얼스 미, 요우비앤 찌우쓰 우하오 짠타이.

■ 기차 안 (在火车上 Zài huǒchēshang)

인솔자: 저희 좌석은 어디에 있나요?
导游: 请问，我们的座位在哪儿?
Dǎoyóu: Qǐngwèn, Wǒmen de zuòwèi zài nǎr?
다오요우: 칭원, 워먼 더 쭈어웨이 짜이 나얼?

승무원: 저쪽 중간 자리에 있습니다.
列车员: 在中间的座位。
Lièchēyuán: Zài zhōngjiān de zuòwèi。
리에처위앤: 짜이 쭝찌앤 더 쭈어웨이.

인솔자: 목적지 도착 예정시간은 몇 시 입니까?
导游: 大概几点到达目的地?
Dǎoyóu: Dàgài jǐdiǎn dàodá mùdìdì?
다오요우: 따까이 지디앤 따오다 무띠띠?

승무원: 도착 예정시간은 약 2시간 후인 오후 8시 35분입니다.
列车员: 预订到达时间是两个小时以后，大概是下午8点35分。
Lièchēyuán: Yùdìng dàodá shíjiān shì liǎng gè xiǎoshí yǐhòu, dàgài shì xiàwǔ bādiǎn sānshíwǔfēn。
리에처위앤: 위띵 따오다 스찌앤 쓰 리앙 거 시아오스 이호우, 따까이 쓰 씨아우 빠디앤 싼스우펀.

중국은 열차 대국이라 불릴 만큼 여러 종류의 기차들이 있다. 일반적으로 고속철도와 일반열차가 있는데, 고속철도는 까오티에똥처(高铁动车), 청지똥처(城际动车), 똥처(动车)가 있으며, 일반열차는 즈다터콰이(直达特快), 터콰이(特快), 콰이처(快车), 푸콰이(普快) 또는 푸커(普客) 등이 있다. 그 중 일반 열차의 좌석등급은 크게 침대칸인 루안워(软卧), 잉워(硬卧)와 좌석칸인 루안쭈어(软座)와 잉쭈어(硬座)로 나뉜다.

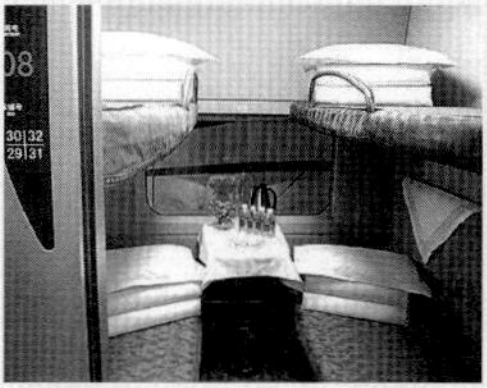

软卧 ruǎnwò 4인 1실의 일등 침대석

硬卧 yìngwò 일반 침대석

软座 ruǎnzuò 부드럽고 편안한 좌석

硬座 yìngzuò 딱딱한 좌석

버스 (汽车 Qìchē)

■ 매표소 (售票处 Shòupiàochù)

인솔자:	항주로 가는 표를 구매 하려고 합니다. 인원은 성인 10명, 아동 5명, 총 15명입니다.
导游:	我要买去杭州的汽车票。10个成人， 5个儿童，一共是15个人。
Dǎoyóu:	Wǒ yào mǎi qù hángzhōu de qìchēpiào。shígè chéngrén, wǔgè értóng, yígòng shì shíwǔgè rén。
다오요우:	워 야오 마이 취 항저우 더 치처피아오. 스거 청런, 우거 얼통, 이꽁 쓰 스우거 런.

매표원:	알겠습니다. 결제는 현금입니까? 카드 입니까?
售票员:	好的。您要付现金还是刷卡?
Shòupiàoyuán:	Hǎo de。Nín yào fù xiànjīn háishi shuākǎ?
쏘우피아오위앤:	하오 더. 닌 야오 푸 씨앤찐 하이스 쑤아카?

인솔자:	카드로 결제 하겠습니다.
导游:	我要刷卡。
Dǎoyóu:	Wǒ yào shuākǎ。
다오요우:	워 야오 쑤아카.

인솔자:	이 버스는 직행인가요? 아니면 완행인가요?
导游:	这辆汽车直达车还是慢车?
Dǎoyóu:	Zhè liàng qìchē zhídáchē háishi mànchē?
다오요우:	쩌 리앙 치처 즈다처 하이스 만처?

매표원: 완행(직행)버스입니다.
售票员: 是慢车(直达车)。
Shòupiàoyuán: Shi mànchē(zhídáchē)。
쏘우피아오위앤: 쓰 만처(즈다처).

■ **버스 안** (在汽车上 Zài qìchēshang)

인솔자: 저희 좌석은 어디에 있나요?
导游: 请问，我们的座位在哪儿?
Dǎoyóu: Qǐngwèn, Wǒmen de zuòwèi zài nǎr?
다오요우: 칭원, 워먼 더 쭈어웨이 짜이 나얼?

운전수: 고객님 저쪽 중간 자리에 있습니다.
司机: 在中间的座位。
Sījī: Zài zhōngjiān de zuòwèi。
쓰찌: 짜이 쭁찌앤 더 쭈어웨이.

인솔자: 목적지까지 도착 예정시간은 언제인가요?
导游: 大概几点到达目的地?
Dǎoyóu: Dàgài jǐdiǎn dàodá mùdìdì?
다오요우: 따까이 지디앤 따오다 무띠띠?

운전수: 도착 예정시간은 약 2시간 후인 오후 8시 35분입니다.
司机: 预订到达时间是两个小时以后，大概是下午8点35分。
Sījī: Yùdìng dàodá shíjiān shì liǎng gè xiǎoshí yǐhòu, dàgài shì xiàwǔ bādiǎn sānshíwǔfēn。
쓰찌: 위띵 따오다 스찌앤 쓰 리앙 꺼 시아오스 이호우, 따까이 쓰 씨아우 빠디앤 싼스우펀.

배편 (船 Chuán)

■ **매표소 (售票处 Shòupiàochù)**

인솔자: 영파로 가는 표를 구매 하려고 합니다. 인원은 성인 10명, 아동 5명, 총 15명입니다.

导游: 我要买去宁波的船票。10个成人,5个儿童，一共是15个人。

Dǎoyóu: Wǒ yào mǎi qù Níngbō de chuánpiào。shígè chéngrén, wǔgè értóng, yígòng shì shíwǔgè rén。

다오요우: 워 야오 마이 취 닝뽀 더 추안피아오. 스꺼 청런. 우꺼 얼통. 이꽁 쓰 스우꺼 런.

매표원: 알겠습니다. 결제는 현금입니까? 카드 입니까?

售票员: 好的。您要付现金还是刷卡?

Shòupiàoyuán: Hǎo de。Nín yào fù xiànjīn háishi shuākǎ?

쏘우피아오위앤: 하오 더. 닌 야오 푸 씨앤찐 하이스 쑤아카?

인솔자: 현금으로 결제 하겠습니다.

导游: 我要付现金。

Dǎoyóu: Wǒ yào fù xiànjīn。

다오요우: 워 야오 푸 씨앤찐.

■ 배 안 (在船上 Zài chuán shang)

인솔자:	저희 좌석은 어디에 있나요?
导游:	请问，我们的座位在哪儿?
Dǎoyóu:	Qǐngwèn, Wǒmen de zuòwèi zài nǎr?
다오요우:	칭원 워먼 더 쭈어웨이 짜이 나얼?

승무원:	고객님 저쪽 중간 자리에 있습니다.
乘务员:	在中间的座位。
Chéngwùyuán:	Zài zhōngjiān de zuòwèi。
청우위앤:	짜이 쭝찌앤 더 쭈어웨이.

인솔자:	목적지까지 도착 예정시간은 언제인가요?
导游:	大概几点到达目的地?
Dǎoyóu:	Dàgài jǐdiǎn dàodá mùdìdì?
다오요우:	따까이 지디앤 따오다 무띠띠?

승무원:	도착 예정시간은 약 2시간 후인 오후 8시 35분입니다.
乘务员:	预订到达时间是两个小时以后，大概是下午8点35分。
Chéngwùyuán:	Yùdìng dàodá shíjiān shì liǎng gè xiǎoshí yǐhòu, dàgài shì xiàwǔ bādiǎn sānshíwǔfēn。
청우위앤:	위띵 따오다 스찌앤 쓰 리앙 꺼 시아오스 이호우, 따까이 쓰 씨아우 빠디앤 싼스우편.

인솔자:	화장실은 어디에 있나요? 구명조끼는 어디에 있나요?
导游:	请问，卫生间在哪儿？救生衣在哪儿？
Dǎoyóu:	Qǐngwèn, wèishēngjiān zài nǎr? Jiùshēngyī zài nǎr?
다오요우:	칭원, 웨이셩찌앤 짜이 나얼? 찌우셩이 짜이 나얼?

주요단어

- 交通工具 찌아통꽁쮜 Jiāotōnggōngjù 〈명〉 교통수단
- 火车 후어처 huǒchē 〈명〉 기차
- 火车票 huǒchēpiào 〈명〉 기차표
- 汽车 치처 qìchē 〈명〉 버스
- 汽车票 치처피아오 qìchēpiào 〈명〉 버스표
- 船 추안 chuán 〈명〉 배
- 售票处 쏘우피아오추 shòupiàochù 〈명〉 매표소
- 售票员 쏘우피아오위앤 shòupiàoyuán 〈명〉 매표원
- 买 mǎi 〈동〉 사다
- 成人 청런 chéngrén 〈명〉 성인
- 儿童 얼통 értóng 〈명〉 아동
- 现金 씨앤찐 xiànjīn 〈명〉 현금
- 还是 하이스 háishi 〈접〉 또는, 아니면(의문문에 쓰여 선택을 나타냄)
- 刷卡 쑤아카 shuākǎ 〈동〉 카드로 결제하다
- 班 빤 bān 〈양〉 정시에 운행되는 교통수단에 쓰임
- 列车 리에처 lièchē 〈명〉 열차

· 列车员 리에처위앤 lièchēyuán 〈명〉 열차 승무원
· 直快 즈콰이 zhíkuài 〈명〉 직행열차
· 普客 푸커 pŭkè 〈명〉 완행열차
· 站台 짠타이 zhàntái 〈명〉 플랫폼
· 顺着 쑨저 shùnzhe 〈동〉 ~에 따르다
· 路 루 lù 〈명〉 길, 도로
· 往前 왕치앤 wăngqián 〈개〉 앞쪽으로
· 米 미 mĭ 〈양〉 미터(meter)
· 到达 따오다 dàodá 〈동〉 도착하다, 도달하다
· 两 리앙 liăng 〈수〉 둘
· 以后 이호우 yĭhòu 〈명〉 이후
· 辆 리앙 liàng 〈양〉 대(차량을 셀 때 쓰는 양사)
· 直达车 즈다처 zhídáchē 〈명〉 직행버스
· 慢车 만처 mànchē 〈명〉 완행버스
· 船票 추안피아오 chuánpiào 〈명〉 배표
· 卫生间 웨이썽찌앤 wèishēngjiān 〈명〉 화장실
· 救生衣 찌우썽이 jiùshēngyī 〈명〉 구명조끼

3. 관광지 旅游区 lǚyóuqū

매표소 (售票处 Shòupiàochù)

직 원: 안녕하세요?
职员: 你好!
zhíyuán: Nǐ hǎo!
즈위앤: 니 하오!

인솔자: 입장권을 구매하려고 합니다. 저희 인원은 성인 10명, 아동 5명 그리고 인솔자 1명입니다. 얼마죠?
导游: 我要买门票。10个成人，5个儿童和1个导游，一共多少钱?
Dǎoyóu: Wǒ yào mǎi ménpiào。shígè chéngrén, wǔgè értóng hé yigè dǎoyóu, yígòng duōshǎo qián?
다오요우: 워 야오 마이 먼피아오. 스꺼 청런, 우꺼 얼통 허 이꺼 다오요우. 이꽁 뚜어사오 치앤.

직 원: 성인은 1인당 $15, 아동은 $5 총 $175입니다. 인솔자는 무료입니다. 결제는 현금으로 하시겠습니까? 카드로 하시겠습니까?
职员: 成人票一张15美元，儿童票一张5美元，一共是175美元。导游是免费的。您要付现金还是刷卡?
zhíyuán: Chéngrénpiào yìzhāng shíwǔ měiyuán, értóngpiào yìzhāng wǔ měiyuán, yígòng shì yìbǎiqīshíwǔ měiyuán。Dǎoyóu shì miǎnfèi de。Nín yào fù xiànjīn háishi shuākǎ?
즈위앤: 청런피아오 이짱 스우 메이위앤, 얼통피아오 이짱 우 메이위앤, 이꽁 쓰 이바이치스우 메이위앤. 다오요우 쓰 미앤페이 더. 닌 야오 푸 씨앤찐 하이스 쑤아카?

인솔자: 현금으로 하겠습니다.
导游: 我要付现金。
Dǎoyóu: Wǒ yào fù xiànjīn。
다오요우: 워 야오 푸 씨앤찐.

관광지 안내 (介绍旅游区 Jièshào lǚyóuqū)

인솔자: 실례합니다. 기념품 판매점은 어디에 있나요?
导游: 请问，纪念品店在哪儿?
Dǎoyóu: Qǐngwèn, jìniànpǐndiàn zài nǎr?
다오요우: 칭원, 찌니앤핀띠앤 짜이 나얼?

직 원: 직진으로 가다가 사거리가 나옵니다. 거기서 왼쪽으로 가면 됩니다.
职员: 一直往前走，到十字路口，然后往左拐就是。
zhíyuán: Yìzhí wǎngqián zǒu, dào shízìlùkǒu, ránhòu wǎng zuǒguǎi jiùshì。
즈위앤: 이즈 왕치앤 조우, 따오 스쯔루코우, 란호우 왕 주어과이 찌우쓰.

인솔자: 실례합니다. 화장실은 어디에 있나요?
导游: 请问，卫生间在哪儿?
Dǎoyóu: Qǐngwèn, wèishēngjiān zài nǎr?
다오요우: 칭원, 웨이셩찌앤 짜이 나얼?

직 원: 화장실은 왼쪽으로 가다가 삼거리가 나옵니다. 거기서 우측으로 가시면 됩니다.
잘 모르면 공원 안내 표지판이 있으니 참고 하십시오.

职员: 卫生间往左边走，到丁字路口，然后往右拐就是。不清楚的话，请您参考一下公园导游图。

zhíyuán: Wèishēngjiān wǎng zuǒbian zǒu, dào dīngzìlùkǒu, ránhòu wǎng yòuguǎi jiùshì。Bù qīngchu de huà, qǐng nín cānkǎo yíxià gōngyuán dǎoyóutú。

즈위앤: 웨이썽찌앤 왕 주어비앤 조우, 따오 띵쯔루코우, 란호우 왕 요우과이 찌우쓰. 뿌 칭추 더 화, 칭 닌 찬카오 이씨아 꽁위앤 다오요우투.

광활한 국토를 자랑하는 중국은 지역별로 관광명소가 매우 많다. 그중 베이징(北京), 상하이(上海), 쿤밍(昆明), 청두(成都), 난징(南京), 쑤저우(苏州), 시안(西安), 뤄양(洛阳), 항저우(杭州), 꾸이린(桂林), 홍콩(香港), 마카오(澳门) 등은 중국의 대표적인 관광명소이다.

쿤밍의 스린(昆明石林风景区)

쑤저우의 쪼우쭈앙(周庄)

뤄양의 용문석굴(龙门石窟)

다퉁(大同)의 쉬앤콩스(悬空寺)

주요단어

- 旅游区 뤼요우취 lǚyóuqū 〈명〉 관광지
- 门票 먼피아오 ménpiào 〈명〉 입장권
- 免费 미앤페이 miǎnfèi 〈동〉 무료로 하다
- 介绍 찌에싸오 jièshào 〈동〉 안내하다, 설명하다, 소개하다
- 纪念品店 찌니앤핀띠앤 jìniànpǐndiàn 〈명〉 기념품점
- 一直 이즈 yìzhí 〈부〉 곧장, 곧바로
- 十字路口 스쯔루코우 shízìlùkǒu 〈명〉 사거리
- 丁字路口 띵쯔루코우 dīngzìlùkǒu 〈명〉 삼거리
- 拐 과이 guǎi 〈동〉 꺾어 돌다, 돌아가다
- 清楚 칭추 qīngchu 〈동〉 이해하다, 알다
- 的话 더화 de huà 〈조〉 ~하다면, ~이면
- 参考 찬카오 cānkǎo 〈동〉 참고하다, 참조하다
- 公园 导游图 꽁위앤 다오요우투 gōngyuán dǎoyóutú 〈명〉 공원 안내도

4. 식당 餐厅 cāntīng

인솔자: 저희 일행은 15명입니다. 자리를 안내해 주시겠습니까?
导游: 我们一共15个人。我们的座位在哪儿?
Dǎoyóu: Wǒmen yígòng shíwǔgè rén。wǒmen de zuòwèi zài nǎr?
다오요우: 워먼 이꽁 스우꺼 런. 워먼 더 쭈웨이 짜이 나얼?

웨이터: 예약을 하셨습니까?
服务员: 您预订了吗?
Fúwùyuán: Nín yùdìng le ma?
푸우위앤: 닌 위띵 러 마?

인솔자: 네, KATE투어로 15명 예약을 하였습니다. 확인 부탁드립니다.
导游: 是的。以KATE观光的名义预订了15个人。请给确认一下。
Dǎoyóu: Shìde。yǐ KATE guānguāng de míngyì yùdìng le shíwǔgè rén。Qǐng gěi quèrèn yíxià。
다오요우: 쓰더. 이 KATE 꾸안꾸앙 더 밍이 위띵 러 스우꺼 런. 칭 게이 취에런 이씨아.

웨이터: (확인 후) 확인되었습니다. 이쪽으로 오시지요
服务员: (确认后) 确认好了。请到这儿来。
Fúwùyuán: (quèrèn hòu) quèrèn hǎo le。Qǐng dào zhèr lái。
푸우위앤: (취에런 호우) 취에런 하오 러. 칭 따오 쩔 라이.

인솔자: 여기 (물, 반찬, 밥, 앞 접시) 가져다주시겠습니까?
导游: 请给(水, 小菜, 米饭, 个人用碟子)。
Dǎoyóu: Qǐng gěi(shuǐ, xiǎocài, mǐfàn, gèrényòngdiézi)。
다오요우: 칭 게이 (수이, 시아오차이, 미판, 꺼런용디에즈)

웨이터: 알겠습니다. 더 필요한 것은 없습니까?
服务员: 好的。还需要什么?
Fúwùyuán: Hǎo de。Hái xūyào shénme?
푸우위앤: 하오 더. 하이 쉬야오 선머?

주요단어

- 观光 꾸안꾸앙 guānguāng 〈명〉 관광
- 名义 밍이 míngyì 〈명〉 명의, 자격
- 水 수이 shuǐ 〈명〉 물
- 小菜 시아오차이 xiǎocài 〈명〉 반찬
- 米饭 미판 mǐfàn 〈명〉 밥
- 个人用碟子 꺼런용디에즈 gèrényòngdiézi 〈명〉 앞접시

중국의 음식은 광활한 영토만큼이나 다채롭기로 유명하다. 대체로 동쪽은 시고, 서쪽은 맵게 먹으며, 북쪽은 짜고, 남쪽은 달게 먹는다. 베이징(北京), 상하이(上海), 쓰추안(四川), 광둥(广东) 요리는 중국을 대표하는 4대 요리이다. 베이징(北京)을 대표하는 요리로는 베이징카오야(北京烤鸭, 오리구이)와 쑤안양로우(涮羊肉, 몽고족 샤브샤브)가 있으며, 상하이(上海) 요리는 똥포로우(东坡肉, 동파육)와 시아오롱빠오(小笼包, 고기만두)가 유명하다. 매운맛으로 유명한 쓰추안(四川) 요리로는 후어구어(火锅, 매운 샤브샤브)와 마포또우푸(麻婆豆腐, 마파두부)가 있으며, 광둥(广东) 요리는 디앤신(点心, 딤섬)이 잘 알려져 있다.

청두의 후어구어(火锅) 식당

중국의 4대 요리 중의
한 곳인 쓰추안 요리

시아롱빠오(小笼包)

5. 쇼핑센터 购物中心 gòuwùzhōngxīn

구매자: 이 나라에서 제일 유명한 제품은 무엇인가요?
客人: 在中国最有名的产品是什么?
Kèrén: Zài Zhōngguó zuì yǒumíng de chǎnpǐn shì shénme?
커런: 짜이 쭝구어 쭈이 요우밍 더 찬핀 쓰 선머?

판매자: 이 나라에서 제일 유명한 것은 비단입니다.
售货员: 在中国最有名的产品是丝绸。
Shòuhuòyuán: Zài Zhōngguó zuì yǒumíng de chǎnpǐn shì sīchóu。
쏘우후어위앤: 짜이 쭝구어 쭈이 요우밍 더 찬핀 쓰 쓰초우.

구매자: 이 제품의 가격은 얼마이죠?
客人: 这个产品的价格是多少?
Kèrén: Zhège chǎnpǐn de jiàgé shì duōshao?
커런: 쩌거 찬핀 더 찌아거 쓰 뚜어사오?

판매자: $150입니다.
售货员: 150美元。
Shòuhuòyuán: yìbǎiwǔshí měiyuán。
쏘우후어위앤: 이바이우스 메이위앤.

구매자: 이 제품은 환불 및 교환이 되나요?
客人: 这个产品可不可以退钱及退换?
Kèrén: Zhège chǎnpǐn kě bùkěyǐ tuìqián jí tuìhuàn?
커런: 쩌거 찬핀 커 뿌커이 투이치앤 지 투이후안?

판매자: 교환 및 환불이 됩니다.
售货员: 都可以。
Shòuhuòyuán: Dōu kěyǐ。
쏘우후어위앤: 또우 커이.

구매자: 이 제품은 할인이 되나요?
客人: 这个产品可以 打折吗?
Kèrén: Zhège chǎnpǐn kěyǐ dǎzhé ma?
커런: 쩌거 찬핀 커이 다저 마?

구매자: 이 제품을 취급할 때 주의사항은 무엇인가요?
售货员: 使用这个产品的时候，要注意的是什么?
Shòuhuòyuán: Shǐyòng zhège chǎnpǐn de shíhou, yào zhùyì de
쏘우후어위앤: 스용 쩌거 찬핀 더 스호우, 야오 쭈이 더 쓰 선머?

주요단어

- 购物中心 꼬우우쭝씬 gòuwùzhōngxīn 〈명〉 쇼핑센터
- 客人 커런 kèrén 〈명〉 손님, 고객
- 最 쭈이 zuì 〈부〉 가장, 제일, 아주
- 有名 요우밍 yǒumíng 〈형〉 유명하다
- 产品 찬핀 chǎnpǐn 〈명〉 제품
- 丝绸 쓰초우 sīchóu 〈명〉 비단
- 价格 찌아거 jiàgé 〈명〉 가격, 값
- 退钱 투이치앤 tuìqián 〈동〉 환불하다
- 及 지 jí 〈접〉 및, ~와(과)
- 退换 투이후안 tuìhuàn 〈동〉 교환하다
- 都 또우 dōu 〈부〉 모두, 다, 전부
- 打折 다저 dǎzhé 〈동〉 할인하다
- 使用 스용 shǐyòng 〈동〉 사용하다, 쓰다
- 注意 쭈이 zhùyì 〈동〉 주의하다, 조심하다

고유명사

- 北京 베이징 Běijīng 북경
- 杭州 항저우 Hángzhōu 항주
- 宁波 닝뽀 Níngbō 영파
- 中国 쭝구어 Zhōngguó 중국

Chapter 03

귀국 업무

(回国业务 Huíguóyèwù)

01. 현지 공항
- 카운터
- 출국심사
- 면세구역
- 탑승구 변경 안내

02. 환승
- 환승공항

1. 현지 공항 当地机场 dāngdì jīchǎng

카운터 (值机柜台 Zhíjīguìtái)

카운터: 항공권과 여권을 주시겠습니까?
值机柜台: 请给我您的机票和护照。
Zhíjīguìtái: Qǐng gěi wǒ nín de jīpiào hé hùzhào。
즈찌꾸이타이: 칭 게이 워 닌 더 찌피아오 허 후짜오.

인솔자: 여기 있습니다. 혹시 좌석 배정이 가능하면 저희 일행들은 앞쪽 좌석으로 부탁합니다.
导游: 在这儿。如果可以的话，请给我们安排前面的座位。
Dǎoyóu: Zài zhèr。Rúguǒ kěyǐ de huà, qǐng gěi wǒmen ānpái qiánmian de zuòwèi。
다오요우: 짜이 쩔. 루구어 커이 더 화, 칭 게이 워먼 안파이 치앤미앤 더 쭈어웨이.

카운터: 확인 하겠습니다.
值机柜台: 我确认一下。
Zhíjīguìtái: Wǒ quèrèn yíxià。
즈찌꾸이타이: 워 취에런 이씨아.

인솔자: 혹시 비상구 자리가 있다면, 제 좌석은 비상구 좌석으로 배정을 부탁합니다.
导游: 如果有紧急出口座位，请给我安排紧急出口的座位。
Dǎoyóu: Rúguǒ yǒu jǐnjíchūkǒu zuòwèi, Qǐng gěi wǒ ānpái jǐnjíchūkǒu de zuòwèi。
다오요우: 루구어 요우 진지추코우 쭈어웨이. 칭 게이 워 안파이 진지추코우 더 쭈어웨이.

카운터: 확인 하겠습니다.
值机柜台: 我确认一下。
Zhíjīguìtái: Wǒ quèrèn yíxià。
즈찌꾸이타이: 워 취에런 이씨아.

탑승권 드리겠습니다. 확인 해주세요. 그리고 원래 비행 출발 시간은 오후 8시였는데 기체 결함(기상조건)으로 출발이 지연되었습니다.
给您登机牌。请您确认一下机票。本来起飞时间是下午8点，因飞机故障(气象)的关系，延达了起飞时间。
Gěi nín dēngjīpái。Qǐng nín quèrèn yíxià jīpiào。Běnlái qǐfēi shíjiān shì xiàwǔ bādiǎn, yīn fēijī gùzhàng(qìxiàng) de guānxi, yándá le qǐfēi shíjiān。
게이 닌 떵찌파이. 칭 닌 취에런 이씨아 찌피아오. 번라이 치페이 스찌앤 쓰 씨아우 빠디앤. 인 페이찌 꾸짱(치씨앙) 더 꾸안시. 이앤다 러 치페이 스찌앤.

인솔자: 그럼 예정된 출발 시간은 언제인가요?
导游: 那么，打算什么时候出发?
Dǎoyóu: Nàme, dǎsuan shénmeshíhòu chūfā?
다오요우: 나머, 다수안 선머스호우 추파?

카운터: 내일 오전 8시입니다.
值机柜台: 明天上午8点。
Zhíjīguìtái: Míngtiān shàngwǔ bādiǎn。
즈찌꾸이타이: 밍티앤 쌍우 빠디앤.

인솔자: 출발 지연에 따른 보상은 어떻게 됩니까?

导游: 那，怎么补偿我们?

Dǎoyóu: Nà, zěnme bǔcháng wǒmen?

다오요우: 나, 전머 부창 워먼?

카운터: 공항 근처 호텔에서 1박, 교통편, 식사를 제공해드리도록 하겠습니다.

值机柜台: 我们要给您提供餐食，交通还有在机场附近的饭店住1晚。

Zhíjīguìtái: Wǒmen yào gěi nín tígōng cānshí, jiāotōng háiyǒu zài jīchǎng fùjìn de fàndiàn zhù yīwǎn。

즈찌꾸이타이: 워먼 야오 게이 닌 티꽁 찬스, 찌아통 하이요우 짜이 찌창 푸찐 더 판띠앤 쭈 이완.

출국심사 (出境检查 Chūjìng jiǎnchá)

심사관: 여권을 보여주시겠습니까?
审查员: 请出示护照。
shěncháyuán: Qǐng chūshì hùzhào。
선차위앤: 칭 추쓰 후짜오.

관광객: 여기 있습니다.
游客: 在这儿。
Yóukè: Zài zhèr。
요우커: 짜이 쩔.

심사관: 출국신고서가 없습니다. 저쪽에 출국신고서가 있으니 작성해서 오시기 바랍니다.
审查员: 没有出境卡。那边有出境卡，请填一下。
shěncháyuán: méiyǒu chūjìngkǎ。Nàbiān yǒu chūjìngkǎ, qǐng tián yíxià。
선차위앤: 메이요우 추찡카. 나삐앤 요우 추찡카. 칭 티앤 이씨아.

관광객: 네, 알겠습니다.
游客: 好的，知道了。
Yóukè: Hǎo de, zhīdào le。
요우커: 하오 더, 쯔따오 러.

심사관: 어느 나라로 출국하시죠?
审查员: 去哪个国家?
shěncháyuán: Qù nǎgè guójiā?
선차위앤: 취 나꺼 구어지아?

관광객: 한국으로 갑니다.
游客: 去韩国。
Yóukè: Qù Hánguó。
요우커: 취 한구어.

심사관: 여기에 머무는 동안 투숙했던 곳은 어디인가요?
审查员: 停留期间住哪儿?
shěncháyuán: Tíngliú qījiān zhù nǎr?
선차위앤: 팅리우 치찌앤 쭈 나얼?

관광객: 하얏트 호텔입니다.
游客: 凯悦酒店。
Yóukè: Kǎiyuèjiǔdiàn。
요우커: 카이위에지우띠앤.

심사관: 즐거운 시간 보냈습니까?
审查员: 玩儿得愉快吗?
shěncháyuán: wánr de yúkuài ma?
선차위앤: 왈 더 위콰이 마?

관광객: 네, 무척 즐거웠습니다.
游客: 是，玩儿得很开心。
Yóukè: Shì, wánr de hěn kāixīn。
요우커: 쓰, 왈 더 헌 카이씬.

심사관: 감사합니다. 안녕히 가세요.
审查员: 谢谢! 再见。
shěncháyuán: Xièxie! Zàijiàn。
선차위앤: 씨에씨에! 짜이찌앤.

면세구역 (免税区 Miǎnshuìqū)

관광객: 이 제품의 가격은 얼마죠?
游客: 这产品的价格是多少?
Yóukè: Zhè chǎnpǐn de jiàgé shì duōshao?
요우커: 쩌 찬핀 더 찌아거 쓰 뚜어사오?

이 제품의 사용방법은 어떻게 되나요?
这产品怎么用?
Zhè chǎnpǐn zěnme yòng?
쩌 찬핀 전머 용?

이 제품의 유통기한은 어떻게 되죠?
这产品的保质期是多长时间?
Zhè chǎnpǐn de bǎozhìqī shì duōcháng shíjiān?
쩌 찬핀 더 바오쯔치 쓰 뚜어창 스찌앤?

남성(여성)도 사용 가능한 제품인가요?
男性(女性)也可以用吗?
Nánxìng(nǚxìng) yě kěyǐ yòng ma?
난씽(뉘씽) 예 커이 용 마?

관광객: 이 양주로 주세요. 얼마죠?
游客: 请给我这瓶洋酒。多少钱?
Yóukè: Qǐng gěi wǒ zhè píng yángjiǔ。Duōshǎo qián?
요우커: 칭 게이 워 쩌 핑 양지우. 뚜어사오 치앤?

판매원: $100입니다. 최종 목적지가 어디신가요? 혹시 경유하십니까?

售货员: 100美元。最终目的地是哪儿? 要转机吗?

Shòuhuòyuán: yìbǎi měiyuán。Zuìzhōng mùdìdì shì nǎr? Yào zhuǎnjī ma?

쏘우후어위앤: 이바이 메이위앤. 쭈이쭝 무띠띠 쓰 나얼? 야오 주안찌 마?

관광객: 아니요, 최종 목적지는 한국이고요, 직항입니다.

游客: 不是，最终目的地是韩国，是直达航班。

Yóukè: búshì, zuìzhōng mùdìdì shì Hánguó, shì zhídáhángbān。

요우커: 부쓰 쭈이쭝 무띠띠 쓰 한구어, 쓰 즈다항빤.

판매원: 네, 고객님 액체류는 최종 목적지에 도착하실 때 까지 이 포장을 뜯으시면 안됩니다.

售货员: 好的。有液体物品的话，在到达目的地之前，千万别打开包装。

Shòuhuòyuán: Hǎo de。yǒu yètǐwùpǐn de huà, zài dàodá mùdìdì zhīqián, qiānwàn bié dǎkāi bāozhuāng。

쏘우후어위앤: 하오 더. 요우 예티우핀 더 후아, 짜이 따오다 무띠띠 쯔치앤, 치앤완 비에 다카이 빠오쭈앙

관광객: 여기 흡연 구역은 어디죠?

游客: 吸烟区在哪儿?

Yóukè: Xīyānqū zài nǎr?

요우커: 씨이앤취 짜이 나얼?

직 원:	직진하시다가 저기 보이는 기둥 오른쪽에 있습니다.
职员:	一直往前走，那边的柱子右边就是。
zhíyuán:	Yìzhí wǎngqián zǒu, nàbiān de zhùzi yòubian jiùshì。
즈위앤:	이즈 왕치앤 조우, 나삐앤 더 쭈즈 요우비앤 찌우쓰.

관광객:	14번 게이트가 어디에 있죠?
游客:	14号登机口在哪儿?
Yóukè:	shísìhào dēngjīkǒu zài nǎr?
요우커:	스쓰하오 떵찌코우 짜이 나얼?

직 원:	저 앞 샤넬매장을 끼고 우회전 하다가 다시 좌회전 하면 됩니다.
职员:	在前边那个香奈儿店面往右拐，然后再往左拐就是。
zhíyuán:	Zài qiánbian nàge xiāngnài'ěr diànmiàn wǎng yòuguǎi, ránhòu zài wǎng zuǒguǎi jiùshì。
즈위앤:	짜이 치앤비앤 나거 씨앙나이얼 띠앤미앤 왕 요우과이, 란호우 짜이 왕 주어과이 찌우쓰.

탑승구 변경 안내 (通知登机口更改 Tōngzhīdēngjīkǒu gēnggǎi)

직 원: 안내해드립니다. 금일 인천으로 가는 OZ731편의 탑승구가 13번 탑승구에서 7번 탑 승구로 변경되었음을 알려드립니다. OZ731편을 이용하는 고객께서는 이용에 착오없으시길 바랍니다.

职员: 个位乘客请注意。今天飞往仁川的OZ731航班，13号登机口更改了7号。

乘坐OZ731航班的乘客们，请别错误。

zhíyuán: Gèwèi chéngkè qǐng zhùyì。Jīntiān fēiwǎng Rénchuān de OZqīsānyī hángbān, shísānhào dēngjīkǒu gēnggǎi le qīhào。Chéngzuò OZqīsānyī hángbān de chéngkèmen, qǐng bié cuòwù。

즈위앤: 꺼웨이 청커 칭 쭈이. 찐티앤 페이왕 런추안 더 OZ치싼이 항빤, 스싼하오 떵지코우 껑가 러 치하오. 청쭈어 OZ치싼이 항빤 더 청커먼, 칭 비에 추어우.

관광객: 여기가 금일 인천으로 가는 OZ731편의 변경된 탑승구가 맞습니까?

游客: 这里是飞往仁川的登机口吗?

Yóukè: Zhèlǐ shì fēiwǎng Rénchuān de dēngjīkǒu ma?

요우커: 쩌리 쓰 페이왕 런추안 더 떵지코우 마?

직 원: 네, 맞습니다.

职员: 是的。

zhíyuán: Shìde。

즈위앤: 쓰더.

주요단어

- 回国 후이구어 huíguó 〈동〉 귀국하다
- 值机柜台 쯔찌꾸이타이 zhíjīguìtái 〈명〉 카운터
- 如果~的话 루구어~더 화 rúguǒ~de huà 만약~하다면
- 前面 치앤미앤 qiánmian 〈명〉 앞, 앞부분
- 紧急出口 진지추코우 jǐnjíchūkǒu 〈명〉 비상구
- 本来 번라이 běnlái 〈부〉 본래, 원래
- 起飞 치페이 qǐfēi 〈동〉 (비행기 · 로켓 등이) 이륙하다
- 因 인 yīn 〈접〉 ~ 때문에, ~로 인하여
- 关系 꾸안시 guānxi 〈명〉 (원인 · 이유 · 조건 등을 나타내는) 관계
- 故障 꾸짱 gùzhàng 〈명〉 고장, 결함
- 气象 치씨앙 qìxiàng 〈명〉 기상
- 延达 이앤다 yándá 늦게 도착하다
- 出发 추파 chūfā 〈동〉 출발하다, 떠나다
- 补偿 부창 bǔcháng 〈동〉 보상하다
- 餐食 찬스 cānshí 〈명〉 식사
- 附近 푸찐 fùjìn 〈명〉 부근, 근처, 인근
- 晚 완 wǎn 〈명〉 저녁, 밤
- 出境 추찡 chūjìng 〈동〉 출국하다
- 出境卡 추찡카 chūjìngkǎ 〈명〉 출국신고서
- 知道 쯔따오 zhīdào 〈동〉 알다, 이해하다
- 期间 치찌앤 qījiān 〈명〉 기간
- 玩儿 왈 wánr 〈동〉 놀다, 즐기다
- 得 더 de 〈조〉 동사나 형용사 뒤에 쓰여 결과나 정도를 나타내는 보어를 연결시킴

- 愉快 위콰이 yúkuài 〈형〉 기쁘다, 유쾌하다, 즐겁다
- 开心 카이씬 kāixīn 〈형〉 기쁘다, 즐겁다, 좋다, 유쾌하다
- 再见 짜이찌앤 zàijiàn 〈동〉 (인사말로) 또 뵙겠습니다, 안녕히 계십시오(가십시오)
- 免税区 미앤쑤이취 miǎnshuìqū 〈명〉 면세구역
- 用 용 yòng 〈동〉 쓰다, 사용하다
- 保质期 바오쯔치 bǎozhìqī 〈명〉 품질보증기간
- 男性 난씽 nánxìng 〈명〉 남자, 남성
- 女性 뉘씽 nǚxìng 〈명〉 여자, 여성
- 瓶 핑 píng 〈양〉 병
- 洋酒 양지어우 yángjiǔ 〈명〉 양주
- 最终 쭈이쭁 zuìzhōng 〈명〉 최종, 맨 마지막
- 转机 주안찌 zhuǎnjī 〈동〉 비행기를 갈아타다
- 直达航班 즈다항빤 zhídáhángbān 〈명〉 직항항공편
- 液体物品 예티우핀 yètǐwùpǐn 액체류 물품
- 千万 치앤완 qiānwàn 〈부〉 제발, 꼭, 절대로, 반드시
- 别 비에 bié 〈부〉 ~하지마라
- 包装 빠오쭈앙 bāozhuāng 〈동〉 포장하다
- 吸烟区 씨이앤취 xīyānqū 〈명〉 흡연구역
- 柱子 쭈즈 zhùzi 〈명〉 기둥
- 再 짜이 zài 〈부〉 다시

고유명사

- 香奈儿店面 씨앙나이얼 띠앤미앤 xiāngnài'ěr diàn miàn 샤넬매장
- 仁川 런추안 Rénchuān 인천

2. 환승 转机时 Zhuǎnjī

환승 공항 (在机场转机 Zài jīchǎng zhuǎnjī)

인솔자: 저기요, 실례합니다. 환승 카운터가 어디입니까?
导游: 请问一下，办转机的柜台在哪儿?
Dǎoyóu: qǐngwèn yíxià, bàn zhuǎnjī de guìtái zài nǎr?
다오요우: 칭원 이씨아, 빤 주안지 더 꾸이타이 짜이 나얼?

직 원: 저기 보이는 환승안내표지판을 따라서 가시면 됩니다.
职员: 按着那边的转机指示牌走，就到了。
zhíyuán: Ànzhe nàbiān de zhuǎnjī zhǐshìpái zǒu, jiù dào le。
즈위앤: 안저 나삐앤 더 주안찌 즈쓰파이 조우, 찌우 따오 러.

인솔자: 인천으로 가는 20명 단체 여행객입니다. 환승 수속을 부탁드립니다.
导游: 我们是飞往仁川的20名团体旅游客。请办转机手续。
Dǎoyóu: Wǒmen shì fēiwǎng Rénchuān de èrshímíng tuántǐ lǚyóukè。Qǐng bàn zhuǎnjī shǒuxù。
다오요우: 워먼 쓰 페이왕 런추안 더 얼스밍 투안티 뤼요우커. 칭 빤 주안찌 소우쉬.

카운터: 여권과 항공권을 주시기 바랍니다.
值机柜台: 请给我护照和机票。
Zhíjīguìtái: Qǐng gěi wǒ hùzhào hé jīpiào。
즈찌꾸이타이: 칭 게이 워 후짜오 허 찌피아오.

	여기 여권과 탑승권을 받으십시오. 请拿好护照和机票。 Qǐng náhǎo hùzhào hé jīpiào。 칭 나하오 후짜오 허 찌피아오.
인솔자:	감사합니다.
导游:	谢谢。
Dǎoyóu:	Xièxie。
다오요우:	씨에씨에.

주요단어

- 通知 통쯔 tōngzhī 〈명〉 통지
- 更改 껑가이 gēnggǎi 〈동〉 변경하다, 바꾸다, 고치다.
- 今天 찐티앤 jīntiān 〈명〉 오늘
- 飞往 fēiwǎng 〈동〉 비행기를 타고 ~로 가다(향하다)
- 错误 추어우 cuòwù 〈명〉 착오, 잘못
- 按着 안저 ànzhe 〈개〉 ~에 따라, ~대로
- 指示牌 즈쓰파이 zhǐshìpái 〈명사〉 표지판
- 团体旅游客 투안티요우커 tuántǐyóukè 단체 여행객

Chapter 04

응급사항 발생

(发生紧急情况 Fāshēng jǐnjíqíngkuàng)

01. 관광지 혹은 거리에서 고객이 다쳤을 경우

02. 병원 진료시

03. 경찰서

1. 관광지 혹은 거리에서 고객이 다쳤을 경우
在旅游区或者路上受伤的情况
Zài Lǚyóuqū huòzhě lùshang shòushāng de qíngkuàng

인솔자: (지나가는 행인에게) 저기요, 실례지만 구급차 좀 불러 주시겠어요?

导游: （向路过的行人）麻烦您，请叫一下救护车。

Dǎoyóu: (xiàng lùguò de xíngrén) Máfan nín, qǐng jiào yíxià jiùhùchē。

다오요우: (씨앙 루꾸어 더 싱런) 마판 닌, 칭 찌아오 이씨아 찌우후처.

(전화통화) 여보세요? 911이죠? 여기 사람이 다쳐서 쓰러졌습니다. 구급차 좀 불러 주시겠습니까?

（打电话）喂？是911吗？这儿有人受了伤，昏过去了。能不能派一辆救护车过来？

(dǎ diànhuà) Wéi? Shì jiǔyāoyāo ma? Zhèr yǒurén shòule shāng, hūnguoqu le。Néng bùnéng pài yíliàng jiùhùchē guòlái?

(다 띠앤화) 웨이? 쓰 지우야오야오 마? 쩌얼 요우런 쏘우러 쌍, 훈구어취 러. 넝 뿌넝 파이 이리앙 찌우후처 꾸어라이?

소방서: (전화통화) 알겠습니다. 위치가 어떻게 되죠?

消防局: （打电话）知道了。位置在哪儿？

Xiāofángjú: (dǎ diànhuà) Zhīdào le。Wèizhi zài nǎr?

씨아팡쥐: (다 띠앤화) 쯔따오 러. 웨이즈 짜이 나얼?

인솔자: (전화통화) 현재 여기 위치가 스탠리 공원 안에 있는 스타벅스 왼편에 있는 의자입니다.

导游: (打电话）这里是史丹利公园里的星巴克左边的椅子。

Dǎoyóu: (dǎ diànhuà) Zhèlǐ shì Shǐdānlì gōngyuán li de Xīngbākè zuǒbian de yǐzi。

다오요우: (다 띠앤화) 쩌리 쓰 스딴리 꽁위앤 리 더 씽빠커 주어비앤 더 이즈.

소방서: (전화통화) 구급차를 보내드리겠습니다. 환자를 안전한 곳으로 옮겨주시고 상황을 잘 살펴주세요.

消防局: (打电话）我们马上派救护车过去。先把病人移到安全的地方，再看一下病人的情况。

Xiāofángjú: (dǎ diànhuà) Wǒmen mǎshàng pài jiùhùchē guòqù。Xiān bǎ bìngrén yídào ānquán de dìfang, zài kàn yíxià bìngrén de qíngkuàng。

씨아오팡쥐: (다 띠앤화) 워먼 마쌍 파이 찌우후처 꾸어취. 씨앤 바 삥런 이따오 안취앤 더 띠팡. 짜이 칸 이씨아 삥런 더 칭쿠앙.

구급대원: 어떻게 된 일이죠?

急救人员: 怎么受的伤?

Jíjiùrényuán: Zěnme shòu de shāng?

지찌우런위앤: 전머 쏘우 더 쌍?

인솔자: 길을 걷다가 넘어져서 머리를 다쳤습니다.

导游: 在路上跌倒头部受伤了。

Dǎoyóu: Zài lùshang diēdǎo tóubù shòushāng le。

다오요우: 짜이 루상 띠에다오 토우뿌 쏘우쌍 러.

길을 걷다가 갑자기 배가 아프다며 쓰러졌습니다.

在路上突然肚子疼晕倒了。

Zài lùshang tūrán dùziténg yūndǎo le。

짜이 루상 투란 뚜즈텅 윈다오 러.

길을 걷다가 갑자기 가슴에 통증을 느끼며 쓰러졌습니다.

在路上突然觉得胸口疼晕倒了。

Zài lùshang tūrán juéde xiōngkǒuténg yūndǎo le。

짜이 루상 투란 쥐에더 씨웅코우텅 윈다오 러.

길을 걷다가 발을 헛디뎌서 발목에 통증을 느끼고 있습니다.

在路上突然扭伤了脚踝，脚很疼。

Zài lùshang tūrán niǔshāng le jiǎohuái, jiǎo hěn téng。

짜이 루상 투란 니우쌍 러 지아오후아이, 지아오 헌 텅.

길을 걷다가 갑자기 발작을 일으키며 쓰러졌습니다.

在路上突然发生了突发状况晕倒了。

Zài lùshang tūrán fāshēng le tūfā zhuàngkuàng yūndǎo le。

짜이 루상 투란 파셩 러 투파 쭈안쿠앙 윈다오 러.

주요단어

- 发生 파성 fāshēng 〈동〉 발생하다, 생기다, 일어나다
- 紧急 진지 jǐnjí 〈형〉 긴급하다, 절박하다, 긴박하다
- 情况 칭쿠앙 qíngkuàng 〈명〉 상황, 정황, 형편
- 医院 이위앤 yīyuàn 〈명〉 병원
- 警察局 징차쥐 jǐngchájú 〈명〉 경찰서
- 消防局 씨아오팡쥐 xiāofángjú 〈명〉 소방서
- 急救人员 지찌우런위앤 jíjiùrényuán 〈명〉 구급대원
- 或者 후어저 huòzhě 〈접〉 ~든지
- 路上 루상 lùshang 〈명〉 길 가는 중, 도중, 중도
- 受伤 쏘우쌍 shòushāng 〈동〉 부상당하다, 부상을 입다, 상처를 입다
- 向 씨앙 xiàng 〈개〉 ~(으)로, ~에게, ~을 향하여
- 路过 루꾸어 lùguò 〈동〉 지나다, 통과하다
- 行人 싱런 xíngrén 〈명〉 행인
- 救护车 찌우후처 jiùhùchē 〈명〉 구급차
- 昏过去 훈꾸어취 hūnguoqu 〈동〉 (잠시) 의식을 잃다
- 过来 꾸어라이 guòlái 〈동〉 오다, 다가오다
- 位置 웨이즈 wèizhi 〈명〉 위치
- 椅子 이즈 yǐzi 〈명〉 의자
- 先 씨앤 xiān 〈부〉 먼저
- 病人 삥런 bìngrén 〈명〉 환자
- 移到 이따오 yídào 옮기다
- 安全 안취앤 ānquán 〈형〉 안전하다
- 跌倒 띠에다오 diēdǎo 〈동〉 쓰러지다, 넘어지다
- 头部 토우뿌 tóubù 〈명〉 머리 부위

· 突然 투란 tūrán 〈부〉 갑자기, 난데없이, 돌연히
· 肚子疼 뚜즈텅 dùziténg 복통, 배가 아프다
· 晕倒 윈다오 yūndǎo 〈동〉 졸도하다, 기절하여 쓰러지다
· 觉得 쥐에더 juéde 〈동〉 ~라고 느끼다
· 胸口疼 씨웅코우텅 xiōngkǒuténg 가슴 통증
· 扭伤 니우쌍 niǔshāng 〈동〉 삐다, 접질리다
· 脚踝 지아오후아이 jiǎohuái 〈명〉 발목
· 脚 지아오 jiǎo 〈명〉 발, 다리
· 很 헌 hěn 〈부〉 아주, 매우, 몹시
· 疼 텅 téng 〈형〉 아프다
· 突发 투파 tūfā 〈동〉 갑자기 발작하다
· 状况 쭈앙쿠앙 zhuàngkuàng 〈명〉 상황, 형편, 상태

고유명사

· 史丹利公园 스딴리 꽁위앤 Shǐdānlìgōngyuán 스탠리 공원
· 星巴克 씽빠커 Xīngbākè 스타벅스

2. 병원 진료시
在医院看病的时候 Zài yīyuàn kànbìng de shíhou

접수대: 어디가 아파서 오셨죠?
挂号处: 您哪儿不舒服?
Guàhàochù: Nín nǎr bù shūfu?
꾸아하오추: 닌 나얼 뿌 쑤푸?

인솔자: 이분이 배가 아프고 설사를 해서 왔습니다.
导游: 他(她)肚子疼拉肚子。
Dǎoyóu: Tā(tā) dùziténg lādùzi。
다오요우: 타(타) 뚜즈텅 라뚜즈.

접수대: 잠시만 기다려 주세요. Mr. 이은민, 진료실로 들어오세요.
挂号处: 请稍等。李殷敏先生，请进门诊室来。
Guàhàochù: Qǐng shāo děng。Lǐ yīn mǐn xiānsheng, qǐng jìn ménzhěnshì lái。
꾸아하오추: 칭 싸오 덩. 리 인 민 씨앤성, 칭 찐 먼전쓰 라이.

의 사: 어디가 아파서 오셨죠?
医生: 您哪儿不舒服?
Yīshēng: Nín nǎr bù shūfu?
이썽: 닌 나얼 뿌 쑤푸?

인솔자: 이분이 어제 밤부터 배가 아프고 설사를 한다고 해서 왔습니다.

导游: 他(她)从昨天晚上开始肚子疼，拉肚子。

Dǎoyóu: Tā(tā) cóng zuótiān wǎnshang kāishǐ dùziténg, lādùzi。

다오요우: 타(타) 총 주어티앤 완상 카이스 뚜즈텅, 라뚜즈.

의 사: 혹시 다른 증상은 없나요?

医生: 有没有其他症状?

Yīshēng: Yǒu méiyǒu qítā zhèngzhuàng?

이썽: 요우 메이요우 치타 쩡쭈앙?

인솔자: 미열이 있다고 합니다.

导游: 有点儿发烧。

Dǎoyóu: Yǒudiǎnr fāshāo。

다오요우: 요우디얼 파싸오.

메스꺼움이 있다고 합니다.

觉得恶心。

Juéde ěxin。

쥐에더 어신.

구토를 했습니다.

呕吐了。

Ǒutù le。

어우투 러.

어지럽다고 합니다.

头晕。

Tóuyūn。

토우윈.

가슴이 답답하다고 합니다.

胸口闷。

Xiōngkǒu mèn。

씨웅코우　먼.

오한이 있다고 합니다.

感到寒冷。

Gǎndào hánlěng。

간따오　한렁

뼈마디가(몸이) 쑤신다고 합니다.

全身酸疼。

Quánshēn suānténg。

취앤썬　쑤안텅.

의 사:　약을 처방해 드리겠습니다.

医生:　我给你开点儿药。

Yīshēng:　Wǒ gěi nǐ kāidiǎnr yào。

이썽:　워 게이 니 카이디얼 야오.

접수대: Mr. 이은민, 처방전 받으시고 결제 부탁드립니다. 결제는 카드로 하시겠습니까? 현금으로 하시겠습니까?

挂号处: 李殷敏先生，拿好药方，请您结帐。您要刷卡还是付现金?

Guàhàochù: Lǐ yīn mǐn xiānsheng, náhǎo yàofāng, qǐng nín jiézhàng。Nín yào shuākǎ háishi fù xiànjīn?

꾸아하오추: 리 인 민 씨앤성, 나하오 야오팡, 칭 닌 지에짱. 닌 야오 쑤아카 하이스 푸 씨앤찐.

인솔자: 카드로 하겠습니다. 그리고 여행자보험처리를 위하여 진단서와 진료비영수증 발급을 부탁 드립니다.

导游: 我要刷卡。还有为了办旅游保险，请发给我诊断书和诊疗费收据。

Dǎoyóu: Wǒ yào shuākǎ。Háiyǒu wèile bàn lǚyóubǎoxiǎn, qǐng fā gěi wǒ zhěnduànshū hé zhěnliáofèi shōujù。

다오요우: 워 야오 쑤아카. 하이요우 웨이러 빤 뤼요우바오시앤, 칭 파 게이 워 전뚜안쑤 허 전리아오페이 쏘우쮜.

주요단어

- 看病 칸삥 kànbìng 〈동〉 진찰하다, 진료하다
- 挂号处 꾸아하오추 guàhàochù 〈명〉 접수처
- 舒服 쑤푸 shūfu 〈형〉 (육체나 정신이) 편안하다, 상쾌하다
- 拉肚子 라뚜즈 lādùzi 〈동〉 설사하다
- 先生 씨앤성 xiānsheng 〈명〉 선생님, 씨(성인 남성에 대한 경칭)
- 门诊室 먼전쓰 ménzhěnshì 〈명〉 진료실
- 医生 이썽 yīshēng 〈명〉 의사

- 昨天 주어티앤 zuótiān 〈명〉 어제
- 晚上 완상 wǎnshang 〈명〉 어제
- 开始 카이스 kāishǐ〈동〉 시작하다
- 其他 치타 qítā 〈대〉 기타
- 症状 쩡쭈앙 zhèngzhuàng 〈명〉 증상, 증후
- 有点儿 요우디알 yǒudiǎnr 〈부〉 조금, 약간
- 发烧 파싸오 fāshāo 〈동〉 열이 나다
- 恶心 어신 ěxin 〈동〉 속이 메스껍다
- 呕吐 어우투 ǒutù 〈동〉 구토하다
- 头晕 토우윈 tóuyūn 〈동〉 현기증이 나다, 머리가 어지럽다
- 胸口闷 씨웅코우먼 xiōngkǒumēn 가슴이 답답하다
- 感到 간따오 gǎndào 〈동〉 느끼다, 여기다
- 寒冷 한렁 hánlěng 〈형〉 춥고 차다
- 全身 취앤썬 quánshēn 〈명〉 온몸
- 酸疼 쑤안텅 suānténg 〈형〉 (몸이) 시큰시큰 쑤시고 아프다
- 开点儿 카이디알 kāidiǎnr (약을) 처방하다
- 药 야오 yào 〈명〉 약
- 药方 야오팡 yàofāng 〈명〉 처방전
- 结帐 지에짱 jiézhàng 〈동〉 결제하다, 계산하다
- 办 빤 bàn 〈동〉 처리하다
- 旅游保险 뤼요우바오시앤 lǚyóubǎoxiǎn 여행자보험
- 发 파 fā 〈동〉 교부하다, 발급하다
- 诊断书 전뚜안쑤 zhěnduànshū 〈명〉 진단서
- 诊疗费 전리아오페이 zhěnliáofèi 〈명〉 진료비
- 收据 쏘우쥐 shōujù 〈명〉 영수증

3. 경찰서 警察局 Jǐngchájú

경찰관: 무엇을 도와드릴까요?
警察: 您需要帮忙吗?
jǐngchá: Nín xūyào bāngmáng ma?
징차: 닌 쉬야오 빵망 마?

인솔자: 이분께서 여권이 든 지갑을 소매치기 당했습니다.
导游: 他(她)的护照和钱包被扒手偷走了。
Dǎoyóu: Tā(tā) de hùzhào hé qiánbāo bèi páshǒu tōuzǒu le。
다오요우: 타(타) 더 후짜오 허 치앤빠오 뻬이 파소우 토우조우 러.

카메라를 도난당했습니다.
照相机被盗了。
Zhàoxiàngjī bèidào le。
짜오씨앙찌 뻬이따오 러.

경찰관: 언제, 어디서 소매치기(도난)를 당했습니까?
警察: 什么时候, 在什么地方, 被扒手偷走了?
jǐngchá: Shénmeshíhòu, zài shénme dìfang, bèi páshǒu tōuzǒu le?
징차: 선머스호우, 짜이 선머 띠팡, 뻬이 파소우 토우조우 러?

인솔자: 한 시간 전, 중국역사박물관 매표소 앞에서 소매치기(도난)를 당했습니다.
导游: 1个小时前，在中国历史博物馆的售票处前被扒手偷走的。
Dǎoyóu: yígè xiǎoshí qián, zài Zhōngguólìshǐbówùguǎn de shòupiàochù qián bèi páshǒu tōuzǒu de。
다오요우: 이꺼 시아오스 치앤, 짜이 쭝구어리스보우구안 더 쏘우피아오추 치앤 뻬이 파소우 토우조우 더.

경찰관: 피해 물품과 금액이 어떻게 되나요?

警察: 请告诉我被偷走的东西和金钱大约多少?

jǐngchá: Qǐng gàosu wǒ bèi tōuzǒu de dōngxi hé jīnqián dàyuē duōshǎo?

징차: 칭 까오수 워 뻬이 토우조우 더 똥시 허 찐치앤 따위에 뚜어사오?

인솔자: 현금 $100과 신용카드, 루이비통 지갑 1개 그리고 여권입니다. 여행자 보험처리를 위해서 경찰 신고서를 작성해 주시겠습니까?

导游: 现金100美元, 信用卡, 一个路易威登钱包和护照。为了办旅游保险, 可不可以填写一下警察申报单?

Dǎoyóu: Xiànjīn yìbǎi měiyuán, xìnyòngkǎ, yígè Lùyìwēidēng qiánbāo hé hùzhào。Wèile bàn lǚyóubǎoxiǎn, kě bùkěyǐ tiánxiě yíxià jǐngchá shēnbàodān?

다오요우: 씨앤찐 이바이 메이위앤, 씬용카, 이꺼 루이웨이떵 치앤빠오 허 후짜오. 웨이러 빤 뤼요우바오시앤, 커 뿌커이 티앤시에 이씨아 징차 썬빠오딴.

경찰관: 네, 알겠습니다.

警察: 可以的。

jǐngchá: Kěyǐde。

징차: 커이더.

주요단어

- 钱包 치앤빠오 qiánbāo 〈명〉 지갑
- 扒手 파소우 páshǒu 〈명〉 소매치기
- 偷走 토우조우 tōuzǒu 훔쳐 달아나다
- 警察 징차 jǐngchá 〈명〉 경찰
- 照相机 짜오씨앙지 zhàoxiàngjī 〈명〉 카메라
- 被盗 뻬이따오 bèidào 도난당하다
- 什么时候 선머스호우 shénmeshíhòu 언제, 어느 때
- 金钱 찐치앤 jīnqián 〈명〉 화폐, 돈
- 大约 따위에 dàyuē 〈부〉 대략, 대강
- 信用卡 씬용카 xìnyòngkǎ 〈명〉 신용카드
- 填写 티앤시에 tiánxiě 〈동〉 (일정한 양식에) 써 넣다, 기입하다
- 警察 申报单 징차 썬빠오딴 jǐngcháshēnbàodān 경찰 신고서

고유명사

- 中国历史博物馆 쫑구어리스보우구안 Zhōngguólìshǐbówùguǎn 중국역사박물관
- 路易威登 루이웨이떵 Lùyìwēidēng 루이비통

저자소개

♣ 박복덕

- 한국외국어대학교 대학원 일어일문학과(문학석사)
- 중앙대학교 대학원 일어일문학과(문학박사)
- 일본 교토대학 국어국문학과 대학원 연구원
- 현) 한림성심대학교 관광일어과 교수

♣ 정재희

- 단국대학교 대학원 영어영문학과(석사)
- 단국대학교 대학원 영어영문학과(박사)
- 메릴랜드대학교 TESOL Certificate
- 동아시아 관광포럼(EATOF) 교육 센터장
- 현) 한림성심대학교 관광영어과 교수

♣ 구은아

- 동국대학교 학사
- 중국 남경대학 석사
- 한양대학교 박사 수료
- 현) 한림성심대학교 외래교수

영어 · 일어 · 중국어
해외여행 인솔자 외국어

초판1쇄 인쇄 2016년 2월 20일
초판1쇄 발행 2016년 2월 25일

지은이 박복덕 · 정재희 · 구은아
펴낸이 임 순 재

펴낸곳 **한올출판사**
등 록 제11-403호
주 소 서울특별시 마포구 모래내로 83 (성산동 한올빌딩 3층)
전 화 (02)376-4298(대표)
팩 스 (02)302-8073
홈페이지 www.hanol.co.kr
e-메일 hanol@hanol.co.kr

ISBN 979-11-5685-382-4